폭력단
대책법의
이해

내일을여는지식 / 법 25

폭력단 대책법의 이해

● 정지운 지음

KSi 한국학술정보㈜

박영규 교수님께 이 책을 바칩니다.

■■ 머리말

　범죄에 대한 대책은 범죄의 종류만큼 많다고 할 수 있으며, 그 대책은 또한 시간의 흐름에 따라 적절하게 변화하여야 합니다. 범죄는 항상 새로운 환경에 적응하는 생명체처럼 사회 내에서 새롭게 발생하고 지속적으로 그 사회의 법질서를 침해하기 때문입니다. 과거에는 한 국가 내에서의 범죄발생이 주를 이루었기 때문에 한 국가 내의 범죄문제에 대한 대책은 그 국가만의 노력으로 가능하였습니다. 하지만 현대사회의 범죄는 국경을 넘어 국제적으로 연계되기도 하고, 범죄유형 또한 신속하게 전파되어 한 국가의 범죄유형이 전 세계적인 범죄유형이 되기도 합니다. 따라서 한 국가의 어떠한 범죄에 대한 대책 마련이 그 범죄에 가장 효과적이라고 주장할 수도 없게 되었습니다.

　"조직범죄에 관한 연구"로 1996년 경기대학교에서 법학박사학위를 받은 이후 '조직범죄에 대한 효과적인 대책'은 저에게 학문적 화두였습니다. 조직범죄에 관한 대책을 계속 고민을 하고 있는 사람으로서 늦은 감이 없지 않지만 이제라도 1991년 5월 15일 제정된 일본의 「폭력단대책법」을 해석하여 출판하게 된 것은 공부하는 사람으로서 하나의 의무를 완수했다는 생각이 듭니다.

법률이 살아 있다는 느낌은 어쩌면 우리가 살아가는 매일매일이 비슷한 듯 보이지만 결코 동일할 수 없다는 사실과도 같은 것이라고 생각합니다. 범죄에 대한 대책이 어느 한순간도 정체되어서는 안 되는 것은 우리가 살아가는 동안 범죄도 항상 변하고 있기 때문입니다.

조직범죄에 관한 정책은 "열 사람의 범인을 놓치는 한이 있더라도 한 사람의 조직범죄의 피해자를 만들어서는 안 된다(Better ten guilty escape than one victim of organized crime)."는 정신으로 수립되어야 한다고 생각합니다. 왜냐하면 조직범죄에 의한 피해자는 회복이 불가능한 정신적·물질적 피해를 당하기 때문입니다. 법을 집행하는 국가기관의 역할은 국가의 유지와 발전의 바탕을 제공하여야 하며, 국민은 범죄로부터 자유롭게 생활할 수 있어야 합니다. 조직범죄는 불특정 다수의 국민을 상대로 행해지는 범죄이며, 국가의 법질서를 침해하는 대표적인 범죄입니다.

폭력단대책법은 비록 일본의 폭력단의 범죄를 통제하기 위한 범죄대책법이지만, 우리의 '조직(폭력)범죄'에도 유용하게 적용할 수 있는 법이라고 생각합니다. 따라서 비교법적 연구를 통하여 우리의 현실에 맞는 입법정책이 현실화되기를 바라며 이러한 노력이 우리나라의 범죄대책의 한 부분에 기여하는 기회가 되기를 기원합니다.

본서의 발간을 위하여 격려와 지원을 아끼지 않으신 경찰대학 치안정책연구소의 김길배 소장님과 조용관 부장님께 감사드립니다. 그리고 바쁜 와중에도 귀한 시간을 내어 일본의 「폭력단대책법」 해석을 감수한 김일곤 박사님, 이형범 경찰연구관님, 강신걸 경정님께도 감사를 드립니다.

2009년 8월
늦여름 법화산 연구실에서

contents | 차례

제7장 잡칙 / 88

제8장 벌칙 / 107

제1편
「폭력단대책법」의 구성과 기능

제1장 「폭력단대책법」의 구성

「폭력단원에 의한 부당행위의 방지 등에 관한 법률」(이하 「폭력 단대책법」이라 함)은 일본에서 1991년 5월 15일 법률 제77호로 제 정된 법률이다. 현재의 「폭력단대책법」은 2008년 6월 6일 법률 제 52호로 26차례[1] 개정되었다.

「폭력단대책법」은 다음과 같이 총 8장과 부칙으로 구성되어 있다.

제1장 총칙(제1조 - 제8조)

제2장 폭력적 요구행위의 규제 등

　제1절 폭력적 요구행위의 금지 등(제9조 - 제12조의6)

　제2절 부당한 요구에 의한 피해의 회복 등을 위한 원조(제13조 ·
　　　　제14조)

제3장 대립항쟁 시 사무소 사용 제한(제15조)

제4장 가입의 강요 규제 기타 규제 등

　제1절 가입의 강요 규제 등(제16조 - 제28조)

　제2절 사무소 등에서 금지행위 등(제29조 · 제30조)

---

1) 제1차 개정 1993년 5월 12일 법률 제41호/제2차 개정 1993년 11월 12일 법률 제89호/ 제3차 개정 1997년 6월 6일 법률 제70호/제4차 개정 1997년 6월 20일 법률 제102호/제 5차 개정 1997년 12월 12일 법률 제121호/제6차 개정 1998년 6월 15일 법률 제107호/ 제7차 개정 1998년 10월 16일 법률 제126호/제8차 개정 1999년 5월 26일 법률 제52호/ 제9차 개정 1999년 7월 16일 법률 제87호/제10차 개정 1999년 8월 18일 법률 제136호/ 제11차 개정 2000년 5월 31일 법률 제96호/제12차 개정 2001년 11월 30일 법률 제135 호/제13차 개정 2002년 5월 29일 법률 제45호/제14차 개정 2002년 6월 12일 법률 제65 호/제15차 개정 2003년 5월 30일 법률 제54호/제16차 개정 2003년 7월 25일 법률 제 128호/제17차 개정 2004년 4월 28일 법률 제38호/제18차 개정 2004년 5월 12일 법률 제43호/제19차 개정 2005년 7월 26일 법률 제87호/제20차 개정 2006년 6월 2일 법률 제50호/제21차 개정 2006년 6월 14일 법률 제66호/제22차 개정 2006년 12월 20일 법 률 제115호/제23차 개정 2007년 3월 31일 법률 제16호/제24차 개정 2007년 6월 13일 법률 제82호/제25차 개정 2008년 5월 2일 법률 제28호/제26차 개정 2008년 6월 6일 법 률 제52호

제2장 「폭력단대책법」의 기능

　「폭력단대책법」은 '폭력단에 의하여 행해지는 범죄에 대한 법적 통제의 근거'로 이해할 수 있다. 일본의 폭력단은 이탈리아에서 처음 구성되어 미국을 비롯하여 러시아 등에서 범죄조직의 대명사로 불리는 '마피아'(Mafia)와 중국에서 조직되어 동남아에서 범죄조직의 대명사가 된 '삼합회'(三合會)처럼 일본의 범죄조직의 대명사인 '야쿠자'(やくざ)를 의미한다.

　이 법률의 일본에서의 기능은 이들이(暴力團) 행하는 범죄행위를 효과적으로 제어하고, 집단의 유지조건을 제거하고자 함이다. 구체적으로 이 법률을 보면 쉽게 이해할 수 있듯이 이들 집단에 의한 '폭력적 요구행위'의 통제를 명문화하고 있으며, 폭력단원으로 활동하거나, 폭력단원이 되려고 하는 자 또는 폭력단원이었지만 폭력단을 탈퇴하여 새로운 인생을 원하는 자에게 법적 지원을 규정하고 있다.

하지만 범죄에 대한 법률의 효과는 항상 사전적인 예방보다는 사후적 통제에서 나타나게 되므로, 이 법률에 의하여 일본사회에 악영향을 끼치고 있는 폭력단의 피해를 사전에 완전히 제거할 수는 없다. 따라서 이 법률은 법률이 효과적으로 작용하게 하기 위하여 폭력단에 의한 피해를 적절하게 파악하고 이들의 범죄행위를 통제할 수 있는 사회적 여건을 조성하는 것에 관심을 두고 있다는 사실이 매우 인상적이다. 「폭력단대책법」은 이를 위해 제6장에서 '민간활동의 촉진'을 규정하고 있다. (전국・도도부현) '폭력추방운동추진센터'는 폭력단에 의한 피해를 국가나 공공단체의 공적인 접근에 의한 해결 외에도 민간차원의 사회적 여건 조성을 위한 규정으로 이해된다. 「폭력단대책법」을 전국적인 규모와 국제적인 연계가 형성되어 있는 폭력단에 대한 대책법이라고 볼 때 「폭력단대책법」은 폭력단에 대한 적절한 통제를 위한 사회적 여건의 조성 그리고 폭력단의 피해자에 대한 회복을 위하여 매우 효과적이라고 생각한다.

우리나라에서도 일본의 「폭력단대책법」과 같은 법률을 제정할 필요가 있다. 일본의 법문화는 과거 일제의 강점에 의한 부당한 국가침탈의 결과였지만 우리나라에 많은 영향을 끼쳤고, 현재에도 우리나라와 가까운 국가로서 문화적 영향을 서로 긴밀하게 교류하고 있다. 또한 조직범죄의 유형이나 범죄조직의 교류까지도 다른 국가보다 비교적 많다고 볼 때 「폭력단대책법」에 관심을 가지는 것은 많은 설명을 필요로 하지 않는다고 할 수 있다.

모든 범죄에 대한 효과적인 통제는 법집행을 담당한 기관의 강력한 힘을 요구한다. 그러나 이러한 사고에서 자칫 인권침해나 법이 추구하는 가치를 무시함으로써 역으로 법집행기관에 의한 법의 침해가 발생할 수도 있다. 따라서 국민이 호응하고 법에서 요구하는 기준점을 명확히 하는 것은 현대사회에서의 민주적 법의 정립과 관련지을 때 과거 법이 정립되기 전에 있었던 실수를 되풀이하지 않는 것이라고 본다.

과거 우리나라의 조직폭력배에 대한 법집행은 일제단속형태로 이루어져 왔다. 특히 5·16 쿠데타 후의 '국토건설단'이나 12·12 쿠데타 후의 '삼청교육대'는 조직폭력배에 대한 초법적인 처벌이 행해졌던 것으로 인정된다.

우리나라에서 일본의 「폭력단대책법」을 구체적으로 고찰하는 것은 이와 같은 법률의 제정 필요성을 제기하기 전에 이 법률의 장단점을 연구하고 이 법률의 우리나라 법문화에의 적응 가능성을 연구하기 위한 기초연구라고 할 것이다.

제2편

「폭력단대책법」의 이해

제1장 총칙

　'총칙'은 목적(제1조), 정의(제2조), 지정(제3조·제4조), 의견청취 (제5조), 확인(제6조), 지정의 공시(제7조), 지정의 유효기간 및 취소 (제8조) 등 8개의 조문으로 구성되어 있다.

Ⅰ. 목적(제1조)

　「폭력단대책법」은 "폭력단원이 하는 폭력적 요구행위 등에 관하 여 필요한 규제를 하고, 폭력단의 대립항쟁 등에 따른 시민생활에 대한 위험을 방지하기 위하여 필요한 조치를 강구함과 동시에 폭 력단원의 활동에 의한 피해의 예방 등에 기여하기 위한 민간의 공 익적 단체의 활동을 촉진하는 조치 등을 강구함으로써 시민생활의 안전과 평온의 확보를 도모하고, 이로써 국민의 자유와 권리를 보 호하는 것을 목적으로 한다."(제1조)

　'폭력단원'·'폭력적 요구행위'·'폭력단'의 의미에 관해서는 제2 조(정의)에 규정되어 있다.

Ⅱ. 정의(제2조)

　「폭력단대책법」 제2조는 이 법률에서 사용하는 용어에 관한 정 의를 규정하고 있다. 제2조는 다음과 같이 '폭력적 불법행위 등'에 관한 정의에서부터 '준폭력적 요구행위'까지 8호로 구성되어 있다.

1. 폭력적 불법행위 등

'폭력적 불법행위 등'이란 "별표의 죄 중 국가공안위원회규칙으로 정하는 것에 해당하는 위법한 행위를 말한다."(제1호) 별표의 죄는 형법(별표 제2호) 등 54개 법률2) 등에서 규정한 죄를 말한다.

---

2) 별표(제2조 관련)
　　1. 폭발물관리벌칙(1884년 대정관포고 제32호)에 규정한 죄/2. 형법(1907년 법률 45호) 제2편 제5장, 제7장, 제22장, 제23장, 제26장, 제27장, 제31장 내지 제33장, 제35장 내지 제37장 및 제40장에 규정한 죄/3. 폭력행위 등 처벌에 관한 법률(1926년 법률 제60호)에 규정한 죄/4. 도범 등의 방지 및 처분에 관한 법률(1930년 법률 제9호)에 규정한 죄/5. 노동기준법(1947년 법률 제48호) 제13장에 규정한 죄/6. 직업안정법(1947년 법률 제141호) 제5장에 규정한 죄/7. 아동복지법(1947년 법률 제164호) 제6장에 규정한 죄/8. 금융상품거래법 제8장에 규정한 죄/9. 풍속영업 등의 규제 및 업무의 적정화 등에 관한 법률 제7장에 규정한 죄/10. 대마관리법(1948년 법률 제124호) 제6장에 규정한 죄/11. 선원직업안정법(1948년 법률 제130호) 제6장에 규정한 죄/12. 경마법(1948년 법률 제158호) 제5장에 규정한 죄/13. 자동차경기법(1948년 법률 제209호) 제6장에 규정한 죄/14. 건설업법(1949년 법률 제100호) 제8장에 규정한 죄/15. 변호사법(1949년 법률 제205호) 제10장에 규정한 죄/16. 화약류관리법(1950년 법률 149호) 제5장에 규정한 죄/17. 소형자동차경주법(1950년 법률 제208호) 제7장에 규정한 죄/18. 독물 및 극물관리법(1950년 법률 제303호)에 규정한 죄/19. 항만운송사업법(1951년 법률 제161호) 제5장에 규정한 죄/20. 투자신탁 및 투자법인에 관한 법률(1951년 법률 198호) 제5편에 규정한 죄/21. 모터보트경주법(1951년 법률 제242호) 제7장에 규정한 죄/22. 각성제관리법(1951년 법률 제252호) 제8장에 규정한 죄/23. 여권법(1951년 법률 제267호)에 규정한 죄/24. 출입국관리 및 이민인정법(1951년 정령 제319호) 제9장에 규정한 죄/25. 택지건물거래업법(1952년 법률 제176호) 제8장에 규정한 죄/26. 주세법(1953년 법률 제6호) 제9장에 규정한 죄/27. 마약 및 향정신약관리법(1953년 법률 제14호) 제7장에 규정한 죄/28. 무기 등 제조법(1953년 법률 제145호) 제5장에 규정한 죄/29. 출자, 예금 및 금리 등의 거래에 관한 법률(1954년 법률 제195호)에 규정한 죄/30. 매춘방지법(1956년 법률 제118호) 제2장에 규정한 죄/31. 총포도검류소지 등 관리법(1958년 법률 제6호) 제5장에 규정한 죄/32. 저작권법(1970년 법률 제48호) 제8장에 규정한 죄/33. 폐기물의 처리 및 청소에 관한 법률(1970년 법률 137호) 제5장에 규정한 죄/34. 화염의 사용 등의 처벌에 관한 법률(1972년 법률 제17호)에 규정한 죄/35. 건설노동자의 고용의 개선 등에 관한 법률(1976년 법률 제33호) 제8장에 규정한 죄/36. 은행법(1981년 법률 제59호) 제9장에 규정한 죄/37. 대금업법(1983년 법률 제32호) 제5장에 규정한 죄/38. 노동자파견사업의 적정한 운영의 확보 및 파견노동장의 취업조건의 정비 등에 관한 법률(1985년 법률 제88호) 제5장에 규정한 죄/39. 항만노동법(1988년 법률 제40호) 제7장에 규정한 죄/40. 국제적인 협력의 하에 규제 약물에 관련된 부정행위를 조장하는 행위 등의 방지를 도모하기 위한 마약 및 향정신약관리법 등의 특례 등에 관한 법률(1991년 법률 제94호) 제3장에 규정한 죄/41. 부동산특정공동사업법

2. 폭력단

'폭력단'이란 "그 단체의 구성원(그 단체의 구성단체의 구성원을 포함한다)이 집단적 또는 상습적으로 폭력적 불법행위 등을 조장할 우려가 있는 단체를 말한다."(제2호)

3. 지정폭력단

'지정폭력단'이란 "제3조(폭력단의 지정)의 규정에 의해 지정된 폭력단을 말한다."(제3호)

4. 지정폭력단연합

'지정폭력단연합'이란 "제4조(폭력단 연합체의 지정)의 규정에 의해 지정된 폭력단을 말한다."(제4호)

5. 지정폭력단 등

'지정폭력단 등'이란 "지정폭력단 또는 지정폭력단연합을 말한

(1994년 법률 제77호) 제7장에 규정한 죄/42. 보험업법(1995년 법률 제105호) 제5편에 규정한 죄/43. 자산의 유동화에 관한 법률(1998년 법률 제105호) 제5편에 규정한 죄/44. 채권관리회수업에 관한 특별조치법(1998년 법률 제126호) 제6장에 규정한 죄/45. 아동매춘, 아동포르노에 관련된 행위 등의 처벌 및 아동의 보호 등에 관한 법률(1999년 법률 제52호)에 규정한 죄/46. 조직적인 범죄의 처벌 및 범죄수익의 규제 등에 관한 법률(1999년 법률 제136호) 제2장에 규정한 죄/47. 저작권 등 관리사업법(2000년 법률 제131호) 제7장에 규정한 죄/48. 사용제자동차의 재자원화 등에 관한 법률(2002년 법률 제87호) 제8장에 규정한 죄/49. 인터넷 이성소개사업을 이용하여 아동을 유인하는 행위의 규제 등에 관한 법률(2003년 법률 제83호) 제6장에 규정한 죄/50. 재판 외 분쟁해결절차의 이용의 촉진에 관한 법률(2004년 법률 제151호) 제5장에 규정한 죄/51. 신탁업법(2004년 법률 제154호) 제7장에 규정한 죄/52. 회사법 제8편에 규정한 죄/53. 탐정업 업무의 적정화에 관한 법률(2005년 법률 제60호)에 규정한 죄/54. 전자기록채권법(2007년 법률 제102호) 제5장에 규정한 죄

다."(제5호)

6. 폭력단원

'폭력단원'이란 "폭력단의 구성원을 말한다."(제6호)

7. 폭력적 요구행위

'폭력적 요구행위'란 "제9조(폭력적 요구행위의 금지)의 규정에 위반하는 행위를 말한다."(제7호)

8. 준폭력적 요구행위

'준폭력적 요구행위'란 "하나의 지정폭력단 등의 폭력단원 이외의 자가 당해 지정폭력단 등 또는 그 제9조(폭력적 요구행위의 금지)에서 규정하는 계열상위 지정폭력단 등의 위력을 보여 동 조 각 호의 행위를 하는 것을 말한다."(제8호)

Ⅲ. 폭력단의 지정(제3조)

제3조는 폭력단의 지정에 관하여 3호로 구성되어 있는데, 제2호는 가목 내지 바목으로 구성되어 있다. 폭력단을 지정하는 주체는 도도부현공안위원회이다.

"도도부현공안위원회(이하 '공안위원회'라고 한다)는 폭력단이 다음 각 호 각각에 해당한다고 인정하는 때에는 당해 폭력단을 그 폭력단원이 집단적 또는 상습적으로 폭력적 불법행위 등을 할 것을 조장할 우려가 큰 폭력단으로 지정한다."

폭력단을 지정하는 요건은 다음과 같다.

1. 폭력단의 위력이용을 원인으로 하는 지정

"명목상의 목적 여하를 불문하고, 당해 폭력단의 폭력단원이 당해 폭력단의 위력을 이용하여 생계의 유지, 재산의 형성 또는 사업의 수행을 위한 자금을 얻을 수 있도록 하기 위해 당해 폭력단의 위력을 그 폭력단원에게 이용하게 하거나 또는 당해 폭력단의 위력을 그 폭력단원이 이용하는 것을 용인하는 것을 실질상의 목적으로 한다고 인정될 것"(제1호)

2. 집단에서 차지하는 범죄경력보유자 비율에 의한 지정

"국가공안위원회규칙에서 정하는 바에 따라 산정한 당해 폭력단의 간부(주요 폭력단원으로서 국가공안위원회규칙에서 정한 요건에 해당하는 자를 말한다)로 있는 폭력단원의 인원 중에 범죄경력보유자(다음(가목 – 바목)의 1에 해당하는 자를 말한다. 이하 이 조에 있어서 같다)가 차지하는 비율 또는 당해 폭력단의 전(全) 폭력단원 중 범죄경력보유자가 차지하는 비율이 폭력단 이외의 일반집단에서 그 집단의 인원 중 범죄경력보유자가 차지하는 비율을 초과하는 것이 확실한 것으로서 정령(政令)에서 정하는 집단의 인원 구분에 따라 정령에서 정한 비율(당해 구분마다 국민 중에서 임의로 추출한 각각의 인원 집단에서 그 집단의 범죄경력보유자가 차지하는 비율이 당해 정령에서 정하는 비율 이상으로 될 확률이 10만분의 1 이하로 되는 것에 한한다)을 초과하는 것일 것"(제2호)

3. 범죄경력보유자의 유형

범죄경력보유자의 유형은 다음과 같이 6종류로 규정하고 있다.

(1) 금고 이상의 형에 처해진 경우

"폭력적 불법행위 등 또는 제8장(벌칙)(제48조(6월 이하의 징역 또는 50만 엔 이하의 벌금)를 제외한다. 이하 이 조 및 제12조의5 (준폭력적 요구행위의 금지) 제2항 제1호에서 같다)에서 규정한 죄에 해당하는 위법한 행위를 하여 금고 이상의 형에 처해진 자로, 그 집행을 종료하거나 또는 집행이 면제된 날로부터 기산하여 10년을 경과하지 않은 자"(가목)

(2) 벌금 이하의 형에 처해진 경우

"폭력적 불법행위 등 또는 제8장(벌칙)에서 규정한 죄에 해당하는 위법한 행위를 하여 벌금 이하의 형에 처해진 자로서 그 집행을 종료하거나 또는 집행이 면제된 날로부터 기산하여 5년을 경과하지 않은 자"(나목)

(3) 금고 이상의 집행유예가 취소되지 않고 집행유예 기간을 경과한 경우

"폭력적 불법행위 등 또는 제8장(벌칙)에서 규정한 죄에 해당하는 위법한 행위를 하여 금고 이상의 형의 선고와 그 형의 집행유예

의 선고를 받고, 당해 집행유예 선고가 취소되지 않고 당해 집행유예 기간을 경과한 자로서, 당해 형에 관련된 재판이 확정된 날로부터 기산하여 10년을 경과하지 않은 자"(다목)

(4) 벌금형의 집행유예가 취소되지 않고 집행유예기간을 경과한 경우

"폭력적 불법행위 등 또는 제8장(벌칙)에서 규정한 죄에 해당하는 위법한 행위를 하여 벌금형의 선고와 그 형의 집행유예 선고를 받고, 당해 집행유예 선고가 취소되지 않고 당해 집행유예의 기간을 경과한 자로서, 당해 형에 관련된 재판이 확정된 날로부터 기산하여 5년이 경과하지 않은 자"(라목)

(5) 금고 이상의 형에 대한 대사·특사를 받은 경우

"폭력적 불법행위 등 또는 제8장(벌칙)에서 규정한 죄에 해당하는 위법한 행위를 하여 금고 이상의 형에 관한 유죄의 선고를 받고 당해 선고에 관한 죄에 관하여 은사법[3] 제2조의 대사[4] 또는 동법 제4조의 특사[5]를 받은 자로서 당해 대사 또는 특사가 있었던 날(당해 일에 당해 선고된 형의 집행을 종료하거나 또는 집행이 면제된 경우에는 당해 집행을 종료하거나 또는 집행이 면제된 날)로부터 기산하여 10년이 경과되지 않은 자"(마목)

(6) 벌금 이하의 형에 대한 대사·특사를 받은 경우

"폭력적 불법행위 등 또는 제8장(벌칙)에서 규정한 죄에 해당하는 위법한 행위를 하여 벌금 이하의 형에 관련된 유죄의 선고를 받

---

3) 恩赦法(1947년 법률 20호) : 일명 사면법
4) 大赦 : 형의 집행을 면제하는 것 또는 형의 선고를 받지 않는 자에 대해서는 공소권을 소멸한다.
5) 特赦 : 형의 선고를 받은 특정 범죄자에 대한 유죄선고의 효력을 실효시키는 것

고 당해 선고된 죄에 관하여 은사법 제2조의 대사 또는 동법 제4조의 특사를 받은 자로서 당해 대사 또는 특사가 있었던 날(당해 일에 당해 선고된 관련 형의 집행을 종료하거나 또는 집행이 면제된 경우에는 당해 집행을 종료하거나 또는 집행이 면제된 날)로부터 기산하여 5년이 경과되지 않은 자"(바목)

4. 대표자 등에 의한 통제하에 구성된 계층적 단체의 지정

"당해 폭력단을 대표하는 자 또는 그 운영을 지배하는 지위에 있는 자(이하 '대표자 등'이라고 한다)의 통제하에 계층적으로 구성되어 있는 단체일 것"(제3호)

Ⅳ. 폭력단연합체의 지정(제4조)

제4조는 폭력단연합체의 지정을 규정하고 있다.

"공안위원회는 지정폭력단을 제외한 폭력단이 다음에 해당한다고 인정하는 때에는 당해 폭력단을 지정폭력단의 연합체로 지정한다."(제1호)

1. 다음 하나에 해당하는 폭력단일 것

(1) 당해 폭력단을 구성하는 폭력단의 전부 또는 대부분이 지정폭력단일 것(가목)

(2) 당해 폭력단의 폭력단원의 전부 또는 대부분이 지정폭력단의 대표자 등일 것(나목)

(3) 당해 폭력단을 구성하는 폭력단의 전부 혹은 대부분이 지정 폭력단 혹은 가목·나목 어느 하나에 해당하는 폭력단이거나, 또는 당해 폭력단의 폭력단원의 전부 혹은 대부분이 지정폭력단 혹은 가목·나목 어느 하나에 해당하는 폭력단의 대표자 등일 것(다목)

2. 실질상의 목적에 의한 판단

명목상의 목적을 불문하고 당해 폭력단을 구성하는 폭력단 혹은 당해 폭력단의 폭력단원이 대표자 등으로 되어 있는 폭력단의 상호부조를 도모하거나 또는 이러한 폭력단 폭력단원의 활동을 지원하는 것을 실질상의 목적으로 하는 것이라고 인정될 것(제2호)

Ⅴ. 의견청취(제5조)

1. 공개에 의한 의견청취의 의무와 예외

(1) 공개에 의한 의견청취의 의무
"공안위원회는 전 2조의 규정에 의한 지정(이하 이 장에서 '지정'이라고 한다)을 하려는 때에는 공개에 의한 의견청취를 하여야 한다(제1항 전단)."

(2) 공개에 의한 의견청취의 예외
"단, 개인의 비밀보호를 위해 부득이하다고 인정하는 때는 이것

을 공개하지 않을 수 있다."(제1항 단서)

2. 의견청취 관련 사항의 공시

"전항의 의견청취를 하는 경우에 공안위원회는 지정에 관한 폭
력단을 대표하는 자 또는 이를 대신할 적절한 자에게 지정을 하려
는 이유, 의견청취 기일 및 장소를 상당한 기간을 두고 통지하고
동시에 의견청취 기일 및 장소를 공시하여야 한다."(제2항)

3. 폭력단 대표자 등의 의견진술 및 증거제출

"의견청취에 임해서는 당해 지정과 관련한 폭력단을 대표하는 자,
이를 대신할 적절한 자, 또는 이들의 대리인은 당해 지정에 관하여
의견을 진술하고 유리한 증거를 제출할 수 있다."(제3항)

4. 의견청취 없이 지정할 수 있는 경우

"공안위원회는 당해 지정에 관한 폭력단을 대표하는 자 혹은 그
를 대신할 적절한 자, 이들의 대리인이 정당한 이유 없이 출석하지
않을 때, 또는 당해 지정에 관한 폭력단을 대표하는 자 또는 그를
대신할 적절한 자의 소재 불명으로 제2항의 규정에 따른 통지가 불
가능하고, 동 항의 규정에 따른 공시를 한 날로부터 기산하여 30일
을 경과하여도 해당자들의 소재가 판명되지 않을 때에는 제1항의
규정에도 불구하고 의견청취를 하지 않고 지정할 수 있다."(제4항)

5. 기타 사항

"전(前) 각 항에서 규정하는 것 외에 제1항의 의견청취의 실시에 관하여 필요한 사항은 국가공안위원회규칙에서 정한다."(제5항)

Ⅵ. 국가공안위원회의 폭력단 지정에 관한 확인(제6조)

1. 지정서류·의견청취조서를 통한 폭력단 지정의 확인

"공안위원회는 지정을 하려고 하는 때에는 사전에 당해 폭력단이 지정 요건에 해당한다고 인정하는 취지를 증명하는 서류 및 지정에 관한 전조(의견청취) 제1항의 의견청취에 관한 의견청취조서 또는 그 사본을 첨부하여 당해 폭력단이 폭력단의 지정(제3조) 또는 폭력단연합체의 지정(제4조)의 요건에 해당하는가에 관한 국가공안위원회의 확인을 구하여야 한다."(제1항)

2. 심사전문위원의 의견 청취

"국가공안위원회는 당해 폭력단이 폭력단의 지정(제3조) 또는 폭력단연합체의 지정(제4조)의 요건에 해당하는 취지의 확인을 하려는 때에는 국가공안위원회규칙에서 정한 바에 따라 당해 폭력단이 제3조(폭력단의 지정) 제1호 또는 제4조(폭력단연합체의 지정) 제2호의 요건에 해당하는 것에 관하여 심사전문위원의 의견을 들어야 한다."(제2항)

3. 폭력단 지정에 관한 확인의 근거

"국가공안위원회가 하는 당해 폭력단이 폭력단의 지정(제3조) 또는 폭력단연합체의 지정(제4조)의 요건에 해당하는 취지의 확인은 전항의 규정에 의한 심사전문위원의 의견에 근거한 것이어야 한다."(제3항)

4. 국가공안위원회의 확인결과 통지

"국가공안위원회는 제1항의 규정에 의한 확인을 한 때에는 확인의 결과를 신속하게 당해 공안위원회에 통지한다."(제4항)

5. 지정의 금지

"당해 공안위원회는 전항의 규정에 따라 당해 폭력단이 폭력단의 지정(제3조) 또는 폭력단연합체의 지정(제4조)의 요건에 해당하지 않는다는 취지의 확인 통지를 받은 때에는 당해 폭력단에 관하여 지정을 할 수 없다."(제5항)

Ⅶ. 지정의 공시(제7조)

1. 지정의 관보공시

"공안위원회는 지정을 할 때에는 지정에 관계되는 폭력단의 명칭 기타 국가공안위원회규칙에서 정하는 사항을 관보에 공시하여

야 한다."(제1항)

2. 지정의 효력발생

"지정은 전항의 규정에 의한 공시로써 효력을 발생한다."(제2항)

3. 지정폭력단 대표자 등에 대한 통지

"공안위원회는 지정을 한 때에는 당해 지정에 관한 지정폭력단 등을 대표하는 자 및 그를 대신할 적절한 자에 대하여 국가공안위원회규칙에서 정하는 바에 따라 지정을 한 취지, 기타 국가공안위원회규칙에서 정하는 사항을 통지하여야 한다."(제3항)

4. 공시사항 변경의 공시

"제1항의 규정에 따라 공시된 사항에 변경이 있는 때에는 공안위원회는 그 취지를 관보에 공시하여야 한다."(제4항)

Ⅷ. 지정의 유효기간 및 취소(제8조)

1. 지정의 유효기간

"지정은 3년간 효력이 있다."(제1항)

2. 지정폭력단의 지정취소 사유

"공안위원회는 전항(지정의 유효기간)의 규정에도 불구하고 지정폭력단 등이 다음 각 호의 하나에 해당하게 된 때에는 당해 지정폭력단 등에 관한 지정을 취소하여야 한다."(제2항)

(1) "해산, 기타 사유로 소멸한 때"(제1호)

(2) "제3조(폭력단의 지정) 각 호 또는 제4조(폭력단연합체의 지정) 각 호의 하나에 해당하지 않게 됐다고 명백하게 인정될 때"(제2호)

3. 지정폭력단연합의 지정취소

"공안위원회는 제1항의 규정에도 불구하고 지정폭력단연합이 폭력단의 지정(제3조)의 규정에 의해 지정폭력단으로서 지정된 때에는 당해 지정폭력단연합에 관한 제4조(폭력단연합체의 지정)의 규정에 의한 지정을 취소하여야 한다."(제3항)

4. 지정폭력단 등의 지정취소에 관한 절차

(1) 국가공안위원회의 확인

"공안위원회는 지정폭력단 등이 제2항 각 호의 하나에 해당하게 된 것을 이유로 동 항의 규정에 의한 지정을 취소하려는 때에는 사전에 당해 지정폭력단 등이 동 항 제1호 또는 제2호의 경우에 해당한다고 인정하는 취지를 증명하는 서류를 첨부하고, 당해 지정폭력단 등이 동 항 제1호 및 제2호의 경우에 해당하는가에 관한 국

가공안위원회의 확인을 구하여야 한다."(제4항)

(2) 당해 공안위원회에의 확인결과의 통지

"국가공안위원회는 전항의 규정에 따른 확인을 한 때에는 확인 결과를 신속하게 당해 공안위원회에 통지한다."(제5항)

5. 지정폭력단 등의 취소금지

"당해 공안위원회는 동 항의 규정에 의해 당해 지정폭력단 등이 제2항 각 호의 경우에 해당하지 않는다는 취지의 확인 통지를 받은 때에는 당해 지정폭력단 등에 관한 지정을 취소할 수 없다."(제6항)

6. 준용규정

"전조(지정의 공시) 제1항부터 제3항까지의 규정은, 제2항 또는 제3항의 규정에 의한 지정의 취소에 관하여 준용한다. 이 경우에 동 조 제3항 중 '대표하는 자 또는 그를 대신할 적절한 자'라고 하는 것은 '대표하는 자 또는 그를 대신할 적절한 자(다음 조(폭력적 요구행위의 금지) 제2항 제1호에 해당하게 된 때의 취소의 경우에는 당해 소멸된 지정폭력단 등을 대표하는 자 또는 그를 대신할 적절한 자였던 자)'로 대체하도록 한다."(제7항)

제2장 폭력적 요구행위의 규제 등

　'폭력적 요구행위의 규제 등'은 제1절(폭력적 요구행위의 금지 등)과 제2절(부당한 요구에 의한 피해의 회복 등을 위한 원조)로 구성되어 있다.

제1절 폭력적 요구행위의 금지 등

　제1절은 폭력적 요구행위의 금지(제9조), 폭력적 요구행위의 요구 등의 금지(제10조), 폭력적 요구행위 등에 대한 조치(제11조, 제12조, 제12조의2), 준폭력적 요구행위의 요구 등의 금지(제12조의3), 준폭력적 요구행위의 요구 등에 대한 조치(제12조의4), 준폭력적 요구행위의 금지(제12조의5), 준폭력적 요구행위에 대한 조치(제12조의6) 등 9개의 조문으로 구성되어 있다.

I. 폭력적 요구행위의 금지(제9조)

　지정폭력단원이란 "지정폭력단 등의 폭력단원"을 말한다. 지정폭력단원은 "그 자가 소속하는 지정폭력단 등 또는 그 계열상위 지정폭력단 등(당해 지정폭력단 등과 위로 연결(지정폭력단 등이 다른 지정폭력단 등의 구성단체가 되거나 또는 지정폭력단 등의 대표자 등이 다른 지정폭력단 등의 폭력단원인 관계를 말한다)하는 것에 따라 순차로 관련되어 있는 각 지정폭력단 등을 말한다. 제12조의 3(준폭력적 요구행위의 요구 등의 금지) 및 제12조의5(준폭력적 요구행위의 금지)에 있어서 같다)의 위력을 보여 다음의 행위를 해서는 안 된다."

폭력적 요구행위는 다음과 같이 '금품 등 공여의 요구' 등 21가지의 유형을 규정하고 있다.

1. 금품 등 공여의 요구

"타인에게 그 타인에 관한 사실을 선전하지 않는 것, 또는 그 타인에 관하여 공지되지 않은 사실을 공표하지 않는 것의 대가로서 금품, 기타 재산상 이익(이하 '금품 등'이라고 한다)의 공여를 요구"(제1호)

2. 금품 등 증여의 요구

"타인에게 기부금, 찬조금 기타 명목을 불문하고 함부로 금품 등의 증여를 요구"(제2호)

3. 역무제공 수용 요구

"청부, 위임 또는 위탁계약에 관한 역무 제공 업무의 발주자 또는 수주자에게 그 자가 거절하고 있음에도 불구하고 당해 업무의 전부 혹은 일부의 수주, 또는 당해 업무에 관련된 자재, 기타 물품

의 납입 혹은 역무 제공을 받아들일 것을 요구"(제3호)

4. 영업용인조건부 금품 등의 공여 요구

세력권이란 "정당한 권원이 없음에도 불구하고 자기 권익의 대상범위로서 설정하고 있다고 인정되는 구역을 말한다(다음 호 및 제12조의2(폭력적 요구행위 방지관련 명령). 제3호에서 같다)"

"세력권 내에서 영업을 영위하는 자에게 명목을 불문하고 그 영업을 영위하는 것을 용인하는 대가로 금품 등의 공여를 요구"(제4호)

5. 영업 관련 역무 유상제공 요구

"세력권 내에서 영업을 영위하는 자에게 그 영업소에서 일상 업무에 사용하는 물품을 구입하는 것, 그 일상 업무에 관한 가요쇼(show), 기타 흥행 입장권, 파티권(券), 기타 증권 혹은 증서를 구입하는 것, 또는 그 영업소에서의 경호인의 역무(영업을 영위하는 자의 영업에 관한 업무를 원활하게 할 수 있도록 고객과의 분쟁 해결 또는 진압을 하는 역무를 말한다), 기타 일상 업무에 관한 역무를 유상으로 제공받을 것을 요구"(제5호)

6. 고리대금 요구

"금전을 목적으로 하는 소비대차상의 채무로 이자제한법(1954년 법률 제100호) 제1조 제1항에 정한 이자의 제한액을 넘는 이자(동법 제3조의 규정에 의하여 이자로 간주되는 금전을 포함한다)의 지불을 수반하거나 또는 그 불이행에 의한 배상액의 예정이 동법 제4조에서 정하는 제한액을 초과하는 것에 관하여 채무자에게 그 이행을 요구"(제6호)

7. 불법 대금 반환 요구

"타인(행위자와 밀접한 관계를 갖는 자로서 국가공안위원회규칙에서 정하는 자를 제외한다)으로부터 의뢰를 받아, 보수를 받거나 또는 보수를 받을 약속을 하고 금품 등을 목적으로 하는 채무에 관하여 채무자에게 거칠고 천한(粗野) 혹은 난폭한 언동을 하거나, 또는 불쾌감을 느끼도록 하는 방법으로 방문하거나 혹은 전화를 걸어 그 이행을 요구(전 호에 해당하는 것을 제외한다)"(제6의2호)

8. 무단 채무면제 및 유예 요구

"타인에게 채무의 전부 또는 일부의 면제 또는 이행의 유예를 함부로 요구"(제7호)

9. 무단 금전대부의 조건 변경 등 요구

"금전대부업무(금전대부 또는 금전대차의 매개—어음할인, 매도담보, 기타 이와 유사한 방법으로 하는 금전 교부 또는 이러한 방법으로 하는 금전수수의 매개를 포함한다. 이하 이 호에서 간단히 '금전대부'라고 한다.—를 말한다)를 영위하는 자(이하 '금전대부업자'라고 한다) 이외의 자에게 함부로 금전대부를 요구하고, 금전대부업자에게 그 자가 거절하고 있음에도 불구하고 금전대부를 요구하거나 또는 금전대부업자에게 당해 금전대부업자가 대부 이율 기타 금전대부 조건으로서 제시하고 있는 사항에 반하여 현저하게 유리한 조건으로 금전대부를 요구"(제8호)

10. 무단 금융상품거래의 조건 변경 등 요구

"금융상품거래업자(금융상품거래법(1948년 법률 제25호) 제2조 제9항에 규정한 금융상품거래업자를 말한다. 이하 이 호에 있어서 같다)에게 그 자가 거절하고 있음에도 불구하고 유가증권의 신용거래(동법 제156조의24 제1항에 규정하는 신용거래를 말한다. 이하 이 호에 있어서 같다)를 할 것을 요구하거나 또는 금융상품거래업자에게 고객이 예탁해야만 하는 금액, 기타 유가증권의 신용거래를 하는 조건으로 당해 금융상품거래업자가 제시하는 사항에 반하여 현저하게 유리한 조건으로 유가증권의 신용거래를 할 것을 요구"(제9호)

11. 무단 주식매입 등의 조건 변경 등 요구

"주식회사 또는 당해 주식회사의 자회사(회사법(2005년 법률 제86호) 제2조 제3호의 자회사를 말한다)에게 함부로 당해 주식회사 주식의 매입 혹은 그 알선(이하 이 호에 있어서 '매입 등'이라고 한다)을 요구하고, 주식회의 임원, 집행(執行役), 혹은 감사 혹은 주주(이하 이 호에 있어서 '임원 등'이라고 한다)에게 그 자가 거절하고 있음에도 불구하고 당해 주식회사 주식의 매입 등을 요구하고,

또는 주식회사 임원 등에게 매입 가격 기타 매입 등의 조건으로 당해 임원 등이 제시하고 있는 사항에 반하여 현저하게 유리한 조건으로 당해 주식회사 주식의 매입 등을 요구"(제10호)

12. 무단 건물 등의 명도 요구

"정당한 권원에 근거하여 건물 또는 그 부지를 거주용 또는 사업용으로 제공하고 있는 자에게 그 의사에 반하여 이들의 명도를 요구"(제11호)

13. 건물 등에 대한 지배의 과시 및 지배의 과시 중지조건부 금품 등의 공여 요구

"토지 또는 건물(이하 이 호에 있어서 '토지 등'이라고 한다)에 관하여, 그 전부 또는 일부를 점거하는 것, 당해 토지 등 또는 그 주변에 자기의 성명을 표시하는 것, 기타 방법으로 당해 토지 등의 소유 및 점유에 관여하고 있는 것을 일부러 표시하고(이하 이 호에 있어서 '지배의 과시'라고 한다), 당해 토지 등의 소유자에 대한 채권을 갖는 자, 또는 당해 토지 등의 소유권, 기타 당해 토지 등에 대한 사용 혹은 수익할 권리 혹은 당해 토지 등에 관련된 담보권을 갖는, 혹은 이러한 권리를 취득하려는 자에게 그 자가 거절하고 있음에도 불구하고 당해 토지 등에 관한 지배의 과시를 그만두는 대가로 명도료, 기타 이와 유사한 명목으로 금품 등의 공여를 요구"(제12호)

14. 사고합의조건부 금품 등의 공여 요구

"타인(행위자와 밀접한 관계를 갖는 자로서 국가공안위원회규칙에서 정하는 자를 제외한다)으로부터 의뢰를 받아 보수를 얻거나 또는 보수를 얻을 약속을 하여, 교통사고, 기타 사고의 원인자에게 당해 사고에 의하여 발생한 손해에 관한 합의(示談)의 교섭을 하고, 손해배상으로 금품 등의 공여를 요구"(제13호)

15. 손해배상 관련 금품 등의 공여 요구

"타인에게, 구입한 상품, 구입한 유가증권에 표시된 권리 또는 제공받은 역무에 하자가 없음에도 불구하고 하자가 있다고 하거나 혹은 교통사고, 기타 사고에 의하여 손해가 없음에도 불구하고 손해가 있다고 하거나 혹은 이러한 하자 혹은 손해의 정도를 과장하여, 손해배상 기타 이와 유사한 명목으로 금품 등의 공여를 요구하고, 또는 권유를 받은 상품 혹은 유가증권에 관한 매매 기타 거래에서 그 가격 혹은 상품지수(상품거래소법(1950년 법률 제239호) 제2조 제5항의 상품지수를 말한다), 혹은 금융상품거래법 제2조 제25항에 규정하는 금융지표(동 항 제1호에서 규정하는 금융상품의 가격을 제외한다)의 상승 혹은 하락에 의한 손해를 입었다고 손해배상 기타 이와 유사한 명목으로 금품 등의 공여를 요구"(제14호)

16. 인허가 관련 부당 요구

"행정청에게 자기 혹은 다음에 있는 자(이하 이 조에 있어서 '자기의 관계자'라고 한다)가 한 인허가 등(행정절차법(1993년 법률 제88호) 제2조 제3호에서 규정하는 인허가 등을 말한다. 이하 이 호 및 다음 호에 있어서 같다)에 관한 신청(동 조 제3호에 규정하는 신청을 말한다. 다음 호에 있어서도 같다)이 법령(동 조 제1호에 규정하는 법령을 말한다. 이하 이 호 및 다음 호에 있어서 같다)에 정하여진 인허가 등의 요건에 해당되지 않음에도 불구하고 당해 인허가 등을 할 것을 요구하고, 또는 자기 혹은 자기의 관계자에 대하여 법령에서 정하여진 불이익처분(행정청이 법령에 근거하여 특정인을 수신인으로서 직접 이러한 의무를 과하고 또는 그 권리를 제한하는 처분을 말한다. 이하 이 호 및 다음 호에 있어서 같다)의 요건에 해당하는 사유가 있음에도 불구하고 당해 불이익처분을 하지 않을 것을 요구"(제15호)

(1) 친족 등

"자기와 생계를 같이하는 배우자, 기타 친족(혼인신고를 하지 않았지만 사실상 혼인관계와 다름없는 사정이 있는 자 및 당해 사정이 있는 자의 친족을 포함한다)"(가목)

(2) 상담역 등

"법인 기타 단체로, 자기가 그 임원(업무를 집행하는 사원, 임원, 집행역(役) 또는 이와 준하는 자를 말하고, 상담역, 고문 기타 어떤 명칭을 갖는 자인가를 불문하고, 당해 단체에 대한 업무를 집행하는 사원, 임원, 집행역(役), 또는 이와 준하는 자와 동등 이상의 지배력을 갖는 것으로 인정되는 자를 포함한다)으로 되어 있는 자"(나목)

(3) 사업자

"자기가 출자, 융자, 거래 기타 관계를 통하여 그 사업 활동에 지배적인 영향력을 갖는 자(나목에 해당하는 자를 제외한다)"(다목)

17. 인허가 관련 부당 요구

"행정청에 대하여 특정인이 한 인허가 등에 관한 신청이 법령에 정하여진 인허가 등의 요건에 해당함에도 불구하고 당해 인허가 등을 하지 않을 것을 요구하고, 또는 특정인에 관하여 법령에 정하여진 불이익처분의 요건에 해당하는 사유가 없음에도 불구하고 당해 불이익처분을 할 것을 요구"(제16호)

18. 입찰 관련 부당 요구

"국가, 특수법인 등(공공공사의 입찰 및 계약의 적정화 촉진에 관한 법률(2000년 법률 제127호) 제2조 제1항에 규정한 특수법인 등을 말한다) 또는 지방공공단체(이하 이 조에 있어서 '국가 등'이라고 말한다)에 대하여, 당해 국가 등이 하는 공공공사(동법 제2조 제2항에 규정된 공공공사를 말한다. 이하 이 조에 있어서 같다)의 입찰에 관하여 자기 또는 자기의 관계자가 입찰참가자격(입찰의 참가자의 자격을 말한다. 이하 이 호 및 다음 호에 있어서 같다)을 갖는 자가 아니거나 또는 자기 혹은 자기의 관계자가 지명 기준(입찰참가자격을 갖는 자 중 입찰에 참가하는 자를 지명하는 경우의 기준을 말한다. 동 호에 있어서 같다)에 적합한 자 아님에도 불구하고, 당해 자기 또는 자기의 관계자를 당해 입찰에 참가시킬 것

을 요구"(제17호)

19. 입찰참가방해 관련 부당 요구

"국가에 대하여 당해 국가 등이 하는 공공공사의 입찰에 관하여 특정인이 입찰참가자격을 갖는 자(지명기준에 적합하지 않은 자를 제외한다)이거나 또는 특정인이 지명기준에 적합한 자임에도 불구하고 당해 특정인을 당해 입찰에 참가시키지 않을 것을 요구"(제18호)

20. 공공공사의 계약방해 부당 요구

"국가에 대하여 특정인을 당해 국가 등이 하는 공공공사의 계약 상대방으로 하지 않을 것을 함부로 요구(전 호에 해당하는 것을 제외한다)"(제19호)

21. 공공공사의 계약상대방에 대한 역무의 제공수용 등 부당 요구

"국가에 대하여, 당해 국가가 하는 공공공사 계약의 상대방에 대하여 자기 또는 자기의 관계자로부터 당해 계약에 관한 역무의 제공 업무 전부 혹은 일부의 수주, 또는 당해 업무에 관련하는 자재, 기타 물품의 납입 혹은 역무의 제공을 승낙할 것을 요구하는 지도, 조언, 기타 행위를 하는 것을 함부로 요구"(제20호)

Ⅱ. 폭력적 요구행위의 요구 등의 금지(제10조)

1. 폭력적 요구행위의 요구 등의 금지

"누구라도 지정폭력단원에게 폭력적 요구행위를 할 것을 요구, 의뢰, 또는 교사하여서는 안 된다."(제1항)

2. 폭력적 요구행위 협조금지

"누구라도 지정폭력단원이 폭력적 요구행위를 하고 있는 현장에 입회하여, 당해 폭력적 요구행위를 하는 것을 도와주어서는 안 된다."(제2항)

Ⅲ. 폭력적 요구행위 등에 대한 조치(제11조)

1. 폭력적 요구행위 중지명령

"공안위원회는 지정폭력단원이 폭력적 요구행위를 하고 있고, 그 상대방 생활의 평온 또는 업무수행의 평온을 해치고 있다고 인정하는 경우에는, 당해 지정폭력단원에게 당해 폭력적 요구행위를 중지할 것을 명하거나 또는 당해 폭력적 요구행위가 중지될 것을 확보하기 위하여 필요한 사항을 명할 수 있다."(제1항)

2. 폭력적 요구행위 반복방지를 위한 필요사항에 관한 명령

"공안위원회는 지정폭력단원이 폭력적 요구행위를 한 경우에 당해 지정폭력단원이 다시 반복하여 당해 폭력적 요구행위와 유사한 폭력적 요구행위를 할 우려가 있다고 인정하는 때에는 당해 지정폭력단원에게 1년을 초과하지 않는 범위 내에서 기간을 정하여 폭력적 요구행위를 하는 것을 방지하기 위하여 필요한 사항을 명할 수 있다."(제2항)

Ⅳ. 폭력적 요구행위의 요구 등의 금지의 위반 등의 방지 관련 명령(제12조)

1. 폭력적 요구행위 요구 등의 금지규정 위반 등의 방지 관련 필요사항에 관한 명령

"공안위원회는 제10조(폭력적 요구행위의 요구 등의 금지) 제1항의 규정에 위반하는 행위가 있었던 경우에 당해 행위를 한 자가 다시 반복하여 동 항의 규정에 위반하는 행위를 할 우려가 있다고 인정하는 때에는 당해 행위를 한 자에 대하여 1년을 초과하지 아니하는 범위 내에서 기간을 정하여 당해 행위에 관련된 지정폭력단원 또는 당해 지정폭력단원이 소속하는 지정폭력단 등의 다른 지정폭력단원에 대하여 폭력적 요구행위를 할 것을 요구, 의뢰, 또는 교사하는 것을 방지하기 위하여 필요한 사항을 명할 수 있다."(제1항)

2. 폭력적 요구행위 협조금지 위반 등의 방지 관련 필요사항에 관한 명령

"공안위원회는 제10조(폭력적 요구행위의 요구 등의 금지) 제2항의 규정에 위반하는 행위가 이루어지고 있고, 당해 위반하는 행위에 관련된 폭력적 요구행위 상대방의 생활의 평온 또는 업무수행의 평온을 해치고 있다고 인정하는 경우에는, 당해 위반하는 행위를 하고 있는 자에게 당해 위반하는 행위를 중지할 것을 명하거나또는 당해 위반하는 행위가 중지되는 것을 확보하기 위하여 필요한 사항을 명할 수 있다."(제2항)

Ⅴ. 폭력적 요구행위 방지 관련 명령(제12조의2)

"공안위원회는 지정폭력단원이 그 소속하는 지정폭력단 등에 관한 다음 각 호의 업무에 관한 폭력적 요구행위를 한 경우에, 당해업무에 종사하는 지정폭력단원이 당해 업무에 관하여 다시 반복하여 당해 폭력적 요구행위와 유사한 폭력적 요구행위를 할 우려가있다고 인정하는 때에는, 각각 당해 각 호에 정한 지정폭력단원에게 1년을 초과하지 아니하는 범위 내에서 기간을 정하여 폭력적요구행위가 당해 업무에 관련하여 행해지는 것을 방지하기 위하여필요한 사항을 명할 수 있다."

1. 지정폭력단의 업무이고 수익을 목적으로 하는 것(제1호) : 당해 지정폭력단 등의 대표자 등

2. 전 호의 것 외 지정폭력단원이 그 대표자이거나, 또는 그 운영을 지배하는 법인, 기타 단체의 업무이며, 수익을 목적으로 하는 것(제2호) : 당해 법인, 기타 단체의 대표자이거나 또는 그 운영을 지배하는 지정폭력단원

3. 당해 지정폭력단원의 상위지정폭력단원(지정폭력단원이 그 소속하는 지정폭력단 등의 활동에 관련된 사항에 관하여 다른 지정폭력단원으로부터 지시 또는 명령을 받는 지위에 있는 경우에 당해 다른 지정폭력단원을 말한다. 이하 이 조에 있어서 같다)의 세력권 설정 또는 유지 업무(제3호) : 당해 상위지정폭력단원

4. 전 호의 것 외 당해 지정폭력단원의 상위지정폭력단원의 업무이고 수익을 목적으로 하는 것(제4호) : 당해 상위 지정폭력단원

Ⅵ. 준폭력적 요구행위의 요구 등의 금지(제12조의3)

"지정폭력단원은 타인에게 당해 지정폭력단원이 소속하는 지정폭력단 등 또는 그 계열상위 지정폭력단 등에 관련된 준폭력적 요구행위를 하도록 요구, 의뢰 또는 교사하여서는 안 된다."

Ⅶ. 준폭력적 요구행위의 요구 등에 대한 조치(제12조의4)

1. 준폭력적 요구행위 방지 관련 필요사항 명령

"공안위원회는 지정폭력단원이 준폭력적 요구행위의 요구 등의

금지(전조)의 규정에 위반하는 행위를 한 경우에, 당해 지정폭력단원이 다시 반복하여 동 조의 규정에 위반하는 행위를 할 우려가 있다고 인정하는 때에는 당해 지정폭력단원에게 1년을 초과하지 아니하는 범위 내에서 기간을 정하여 동 조의 규정에 위반하는 행위를 하는 것을 방지하기 위하여 필요한 사항을 명할 수 있다."(제1항)

2. 준폭력적 요구행위의 금지지시

"공안위원회는 전항의 규정에 의한 명령을 하는 경우에, 준폭력적 요구행위의 요구 등의 금지(전조)의 요구, 의뢰 또는 교사와 관련된 준폭력적 요구행위를 할 우려가 있다고 인정하는 때에는 당해 명령에 관련된 동 조의 규정에 위반하는 행위의 상대방에게 당해 준폭력적 요구행위를 해서는 안 된다는 취지의 지시를 한다."(제2항)

Ⅷ. 준폭력적 요구행위의 금지(제12조의5)

1. 준폭력적 요구행위 금지의 유형

"다음 각 호의 하나에 해당하는 자는, 당해 각 호에 정한 지정폭력단 등 또는 그 계열상위 지정폭력단 등에 관한 준폭력적 요구행위를 해서는 안 된다."(제1항)
  (1) 제12조(폭력적 요구행위의 요구 등의 금지의 위반 등의 방지 관련 명령) 제1항의 규정에 의한 명령을 받은 자이고, 당해 명

령을 받은 날부터 기산하여 3년을 경과하지 않은 자(제1호) : 당해 명령에서 방지하려 한 폭력적 요구행위의 요구, 의뢰 또는 교사의 상대방인 지정폭력단원이 소속하는 지정폭력단 등

(2) 제12조(폭력적 요구행위의 요구 등의 금지의 위반 등의 방지 관련 명령) 제2항의 규정에 의한 명령을 받은 자이고 당해 명령을 받은 날부터 기산하여 3년을 경과하지 않은 자(제2호) : 당해 명령에 관련된 폭력적 불법행위를 한 지정폭력단원이 소속하는 지정폭력단 등

(3) 준폭력적 요구행위에 대한 조치(다음 조)의 규정에 의한 명령을 받은 자이고 당해 명령을 받은 날부터 기산하여 3년을 경과하지 않은 자(제3호) : 당해 명령의 원인이 된 준폭력적 요구행위에서 그 자가 위력을 보인 지정폭력단 등

(4) 전조(준폭력적 요구행위의 요구 등에 대한 조치) 제2항의 규정에 의한 지시를 받은 자이고, 당해 지시가 있었던 날부터 기산하여 3년을 경과하지 않은 자(제4호) : 당해 지시에 관련된 준폭력적 요구행위의 요구 등의 금지(제12조의3)의 규정에 위반하는 행위를 한 지정폭력단원이 소속하는 지정폭력단 등

(5) 지정폭력단원과의 사이에서 그 소속하는 지정폭력단 등의 위력을 보여 주는 것을 용인하는 대가로 금품 등을 지불하는 것을 합의한 자(제5호) : 당해 지정폭력단 등

2. 상습 준폭력적 요구행위의 금지

"하나의 지정폭력단 등의 위력을 보이는 것을 상습으로 하는 자

로서 다음의 각 호의 하나에 해당하는 자는 당해 지정폭력단원 또는 그 계열상위 지정폭력단 등에 관련된 준폭력적 요구행위를 하여서는 안 된다."(제2항)

(1) 집행종료 또는 집행면제 후 5년이 경과되지 않은 자

"당해 지정폭력단 등의 지정폭력단원이 한 폭력적 불법행위 등 혹은 제8장(벌칙)에서 규정하는 죄에 해당하는 위법한 행위에 공범으로서 가담하거나, 또는 폭력적 불법행위에 관련된 죄 중 양도 혹은 양수 혹은 이것과 유사한 형태의 죄로서 국가공안위원회규칙으로 정하는 것에 해당하는 위법한 행위로 당해 지정폭력단 등의 지정폭력단원을 상대방으로 하는 것을 하여 형에 처하여진 자로서 그 집행을 종료, 또는 집행이 면제된 날로부터 기산하여 5년을 경과하지 않은 자"(제1호)

(2) 지정폭력단 등의 대표자 등

"당해 지정폭력단 등의 지정폭력단원이 그 대표자 혹은 그 운영을 지배하는 법인, 기타 단체의 임원, 혹은 사용인 기타 종업원 혹은 간부 기타 구성원 또는 당해 지정폭력단 등의 지정폭력단원의 사용인 기타 종업원"(제2호)

Ⅸ. 준폭력적 요구행위에 대한 조치(제12조의6)

1. 준폭력적 요구행위의 중지명령 및 중지확보 관련 필요사항 명령

"공안위원회는 준폭력적 요구행위의 금지(전조)의 규정에 위반하

는 준폭력적 요구행위가 있고, 그 상대방의 생활의 평온 또는 업무 수행의 평온을 해하고 있다고 인정하는 경우에는 당해 준폭력적 요구행위를 하고 있는 자에게 당해 준폭력적 요구행위를 중지할 것을 명하거나 또는 당해 준폭력적 요구행위가 중지되는 것을 확보하기 위하여 필요한 사항을 명할 수 있다."(제1항)

2. 반복 준폭력적 요구행위 방지 관련 필요사항 명령

"공안위원회는 준폭력적 요구행위의 금지(전조)의 규정에 위반하는 준폭력적 요구행위가 있었던 경우에 당해 준폭력적 요구행위를 한 자가 다시 반복하여 당해 준폭력적 요구행위와 유사한 준폭력적 요구행위를 할 우려가 있다고 인정한 때에는 그 자에게 1년을 초과하지 아니하는 범위 내에서 기간을 정하여 준폭력적 요구행위를 방지하기 위하여 필요한 사항을 명할 수 있다."(제2항)

제2절 부당한 요구에 의한 피해회복 등을 위한 원조

제2절은 폭력적 요구행위 또는 준폭력적 요구행위의 상대방에 대한 원조(제13조), 사업자에 대한 원조(제14조) 등 2개의 조문으로 구성되어 있다.

Ⅰ. 폭력적 요구행위 또는 준폭력적 요구행위의 상대방에 대한 원조(제13조)

"공안위원회는 폭력적 요구행위 등에 대한 조치(제11조) 또는 준폭력적 요구행위에 대한 조치(전조)의 규정에 의한 명령을 한 경우(당해 명령에 관련된 폭력적 요구행위 또는 준폭력적 요구행위를 한 자가 당해 폭력적 요구행위 또는 준폭력적 요구행위에 따라 다음 각 호의 1에 해당하게 되는 것이라고 인정하는 경우에 한한다)에 당해 명령에 관련된 폭력적 요구행위 또는 준폭력적 요구행위의 상대방으로부터 그 자가 당해 폭력적 요구행위 또는 준폭력적 요구행위를 한 자에 대하여 각각 당해 각 호에서 규정하는 조치를 집행할 것을 요구함에 있어 원조를 받고 싶다는 취지의 신청이 있고, 그 신청이 상당하다고 인정하는 때에는 당해 상대방에 대하여 당해 폭력적 요구행위 또는 준폭력적 요구행위를 한 자에 대한 연락 기타 필요한 원조를 한다."

1. 금품 등의 공여를 받은 경우(제1호) : 공여를 받은 금품 등을 반환하거나 또는 당해 금품 등의 가액에 상당하는 가액의 금품을 공여하는 것

2. 채무의 전부 또는 일부의 면제 또는 이행의 유예를 받은 경우(제2호) : 면제 및 이행의 유예를 받기 전의 당해 채무를 이행하는 것

3. 정당한 권원에 근거하여 건물 또는 그 부지를 거주용 또는 사업용으로 제공하고 있었던 자에게 당해 건물 또는 그 부지를

명도하게 한 경우(제3호) : 당해 건물 또는 부지를 인도하는 것 기타 당해 폭력적 요구행위 또는 준폭력적 요구행위가 있기 전의 원상을 회복하는 것

II. 사업자에 대한 원조(제14조)

1. 사업자의 사업 관련 폭력적 요구행위에 의한 피해방지 책임자 선임 등 원조

"공안위원회는 사업자(사업을 하는 자로 사용인 기타 종업원(이하 이 항에서 '사용인 등'이라고 한다)을 사용하는 자를 말한다. 이하 같다)에게 부당한 요구(폭력단원에 의하여 그 사업에 관하여 행사되는 폭력적 요구행위 기타 부당한 요구를 말한다. 이하 이 항 및 제32조의2(도도부현 폭력추방운동추진센터) 제2항에 제7호에서 같다)에 의한 피해를 방지하기 위하여 필요한 책임자(당해 사업에 관계된 업무의 실시를 통괄 관리하는 자로서 부당요구에 의한 사업자 및 사용인 등의 피해를 방지하기 위하여 필요한 업무를 하는 자를 말한다)의 선임, 부당요구에 대응하는 사용인 등의 대응방법에 관한 지도 기타 조치가 유효하게 행사되게 하기 위한 자료 제공, 조언 기타 필요한 원조를 한다."(제1항)

2. 피해방지 책임자에 대한 강습

"공안위원회는 전항의 선임에 관련된 책임자의 업무를 적정하게

실시하게 하기 위하여 필요하다고 인정하는 때에는 국가공안위원
회규칙에 정한 바에 의하여 당해 책임자에 대한 강습을 할 수 있
다."(제2항)

3. 사업자의 피해방지 책임자의 강습을 위한 노력의무

"사업자는 공안위원회로부터 제1항의 선임에 관련된 책임자에게
전항의 강습을 하는 취지의 통지를 받은 때에는 당해 책임자가 강
습을 받게 하도록 노력하여야 한다."(제3항)

제3장 대립항쟁 시 사무소의 사용 제한(제15조)

'대립항쟁 시 사무소의 사용 제한'은 제15조 1개의 조문으로 구
성되어 있다.

Ⅰ. 대립항쟁의 의미

대립항쟁이란 "지정폭력단 등의 상호 간에 대립이 발생하여 당
해 대립에 관련된 지정폭력단 등의 지정폭력단원에 의하여 감행되
거나 또는 당해 대립에 관련된 지정폭력단 등의 사무소(폭력단의
활동의 거점으로 되어 있는 시설 또는 설비의 구획된 부분을 말한
다. 이하 같다) 혹은 지정폭력단원 혹은 그 거택에 감행된 일련의

흉기를 사용한 폭력행위"(제1항 전단)를 말한다.

II. 사무소의 사용 제한

"대립항쟁이 발생한 경우에, 당해 대립에 관련된 지정폭력단 등의 사무소가 당해 대립항쟁에 관하여 당해 대립항쟁에 관련된 지정폭력단 등의 지정폭력단원에 의해 다음 각 호에 있는 용도로 제공하거나 또는 제공될 우려가 있고 이로 인해 부근 주민의 생활의 평온이 침해되거나 또는 침해될 우려가 있다고 인정하는 때에는 공안위원회는 당해 사무소를 현재 관리하고 있는 지정폭력단원(이하 '관리자'라고 한다)에게 3개월 이내의 기간을 정하여 당해 사무소를 당해 각 호의 용도로 제공하는 것 또는 당해 지정폭력단 등의 활동 용도로 제공하는 것을 금지할 것을 명할 수 있다."(제1항 후단)

1. 다수의 지정폭력단원의 집합용(제1호)
2. 당해 대립항쟁을 위한 모의, 지휘명령 또는 연락용(제2호)
3. 당해 대립항쟁에 제공될 우려가 있다고 인정되는 흉기 기타의 물건의 제조 또는 보관용(제3호)

III. 사무소 사용 제한 기간의 연장

사무소 사용 제한 명령의 "경우에 그 명령의 유효기간이 경과한 후에 다시 명령할 필요가 있다고 인정할 때에는 1회에 한하여 3개

월 이내의 기간을 정하여 그 명령의 기한을 연장할 수 있다."(제1
항 후단)

Ⅳ. 하나의 지정폭력단 내부의 대립항쟁에의 준용규정

"전항의 규정은 하나의 지정폭력단 등에 소속하는 지정폭력단원
의 집단 상호 간에 대립이 발생하고 당해 대립에 관련된 집단에 소
속하는 지정폭력단원에 의해 감행되거나 또는 당해 대립에 관련된
지정폭력단 등의 사무소(그 관리자가 당해 대립에 관련된 집단에
소속하고 있는 것에 한한다) 또는 당해 대립에 관련된 집단에 소속
하는 지정폭력단원 또는 그 주택에 감행되는 일련의 흉기를 사용
한 폭력행위가 발생한 경우에 준용한다. 이 경우에 동 항 중 '사무
소가'는 '사무소(그 관리자가 당해 대립에 관련된 집단에 소속되어
있는 것에 한한다)가'로, '지정폭력단 등의 지정폭력단원에 의한 다
음의'는 '집단에 소속하는 지정폭력단원에 의한 다음의'로 '당해 지
정폭력단원 등의 활동'은 '당해 집단의 활동'으로, 동 항 제1호 중
'다수'는 '당해 집단에 소속하는 다수'로 대체한다."(제2항)

Ⅴ. 사무소 사용 제한 명령의 표장부착

"공안위원회는 제1항(전항에서 준용하는 경우를 포함한다. 이하
이 조에 있어서 같다)의 규정에 의한 명령을 한 때에는 당해 사무

소 출입구의 잘 보이는 장소에 당해 관리자가 당해 사무소에 관하여 동 항의 명령을 받고 있는 취지를 고지하는 국가공안위원회규칙으로 정하는 표장을 부착하도록 한다."(제3항)

Ⅵ. 사무소 사용 제한 표장제거의 요건

"공안위원회는 전항의 규정에 의한 표장을 부착한 경우에 제1항의 규정에 근거하여 정해진 기한이 경과한 때 또는 당해 기한 내에 당해 표장을 부착한 사무소가 동 항 각 호의 용도로 제공될 우려가 없어졌다고 인정하는 때에는 당해 표장을 제거하여야 한다."(제4항)

Ⅶ. 사무소 사용 제한 표장 손괴 등의 금지

"누구라도 제3항의 규정에 의하여 부착된 표장을 손괴 또는 오손해서는 안 되고 또한 당해 표장을 부착한 사무소에 관련된 제1항의 규정에 근거하여 정하여진 기간이 경과한 후가 아니라면 이것을 제거해서는 안 된다."(제5항)

제4장 가입강요의 규제 기타 규제 등

'가입강요의 규제 기타 규제 등'은 제1절(가입의 강요 규제 등), 제2절(사무소 등에서 금지행위 등), 제3절(손해배상청구 등의 방해 규제), 제4절(폭력행위 찬양 등의 규제)로 구성되어 있다.

제1절 가입강요의 규제 등

제1절은 가입 강요 등의 금지(제16조), 가입강요 명령 등의 금지(제17조), 가입강요 등에 대한 조치(제18조, 제19조), 단지 강요 등의 금지(제20조, 제21조), 단지 강요 등에 대한 조치(제22조, 제23조), 소년에 대한 문신강요 등의 금지(제24조), 소년에 대한 문신강요 요구 등의 금지(제25조), 소년에 대한 문신강요 등에 대한 조치(제26조, 제27조), 이탈의 의지를 갖고 있는 자에 대한 원호 등(제28조) 등 13개의 조문으로 구성되어 있다.

Ⅰ. 가입강요 등의 금지(제16조)

1. 소년에 대한 가입강요의 금지

"지정폭력단원은 소년(20세 미만의 자를 말한다. 이하 같다)에게 지정폭력단에 가입할 것을 강요하거나 혹은 권유하거나 또는 소년이 지정폭력단 등으로부터 탈퇴하는 것을 방해해서는 안 된다."(제1항)

2. 타인에 대한 지정폭력단 등에의 가입강요 등의 금지

"전항의 규정하는 것 외에 지정폭력단원은 타인을 협박하거나 그 자를 지정폭력단 등에 가입하는 것을 강요 또는 권유하거나 또는 그 자가 지정폭력단 등으로부터 탈퇴하는 것을 방해해서는 안 된다."(제2항)

3. 밀접관계자에 관련된 탈퇴금 지불방해 등의 금지

"지정폭력단원은 타인을 협박하여 그 자의 친족 또는 그 자가 고용한 자 기타 그 자와 밀접한 관계를 갖는 자로 국가공안위원회규칙으로 정하는 자(이하 이 항 및 제18조(가입강요 등에 대한 조치) 제1항 및 제2항에 있어서 '밀접관계자'라고 한다)에 관련된 탈퇴금 등(밀접관계자의 폭력단으로부터의 탈퇴가 용인되는 것 또는 밀접관계자에 대한 폭력단에의 가입의 강요 또는 권유를 그만두는 대가로서 지불되는 금품 등을 말한다)을 지불하는 것 또는 밀접관계자의 주소 또는 주거지의 교시(教示) 기타 밀접관계자에 관한 정보를 제공할 것을 강요하거나 권유하는 것, 그 밀접관계자를 지정폭력단 등에 가입시키거나, 밀접관계자가 지정폭력단 등으로부터 탈퇴하는 것을 방해하기 위한 행위로서 국가공안위원회규칙에 정한 것을 해서는 안 된다."(제3항)

Ⅱ. 가입강요 명령 등의 금지(제17조)

1. 가입강요 명령 등의 금지

"지정폭력단원은 그 부하 지정폭력단원(지정폭력단원이 그 소속하는 지정폭력단 등의 활동에 관련된 사항에 관하여 다른 지정폭력단원에게 지시 또는 명령을 할 수 있는 경우에 당해 다른 지정폭력단원을 말한다. 이하 같다)에게 가입강요 등의 금지(전조) 규정에 위반하는 행위를 하는 것을 명하거나 또는 그 부하 지정폭력단원이 동 조의 규정에 위반하는 행위를 하는 것을 조장하는 행위를 해서는 안 된다."(제1항)

2. 가입강요 명령의 의뢰 등의 금지

"전항의 규정하는 것 외에 지정폭력단원은 다른 지정폭력단원에게 가입강요 등의 금지(전조)의 규정에 위반하는 행위를 하는 것을 의뢰 또는 교사하거나 또는 다른 지정폭력단원이 동 조의 규정에 위반하는 행위를 하는 것을 도와주어서는 안 된다."(제2항)

Ⅲ. 가입강요 등에 대한 조치(제18조)

1. 가입강요에 대한 금지명령

"공안위원회는 지정폭력단원이 가입강요 등의 금지(제16조)의 규정에 위반하는 행위를 하고 있고, 그 상대방이 곤혹스러워하고 있다고 인정하는 경우에는 당해 지정폭력단원에게 당해 행위를 중지할 것을 명하거나 또는 당해 행위가 중지되도록 하기 위하여 필요한 사항(당해 행위가 동 조 제3항의 규정에 위반하는 행위인 때에는 당해 행위에 관계된 밀접관계자가 지정폭력단 등에 강제로 가입되거나 또는 지정폭력단 등으로부터 탈퇴를 방해되는 것을 방지하기 위해 필요한 사항을 포함한다)을 명할 수 있다."(제1항)

2. 가입강요 방지를 위한 필요사항 명령

"공안위원회는 지정폭력단원이 가입강요 등의 금지(제16조)의 규정에 위반하는 행위를 한 경우에, 당해 지정폭력단원이 다시 반복하여 동 조의 규정에 위반하는 행위를 할 우려가 있다고 인정하는 때에는 당해 지정폭력단원에게 1년을 넘지 않는 범위 내에 기간을 정하여 동 조 제1항 또는 제2항의 규정에 위반하는 행위의 상대방 또는 동 조 제3항의 규정에 위반하는 행위에 관련된 밀접관계자를 지정폭력단 등에 가입할 것을 강요하거나 권유하거나 또는 이와 같은 자들이 당해 지정폭력단 등으로부터 탈퇴를 방해하는 것을 방지하기 위해서 필요한 사항을 명할 수 있다."(제2항)

3. 소년의 가입 등 방지를 위한 필요사항 명령

"공안위원회는 지정폭력단원이 제16조(가입강요 등의 금지) 제1항의 규정에 위반하는 행위를 하고 동시에 당해 행위에 관계된 소년이 당해 지정폭력단 등에 가입하거나 또는 당해 지정폭력단 등으로부터 탈퇴하지 않은 경우에 가입이나 탈퇴하지 않은 것이 당해 소년의 의사에 반한다고 인정되거나 당해 소년의 보호자가 당해 소년의 탈퇴를 구하고 있는 때에는 당해 지정폭력단원에게 당해 소년을 당해 지정폭력단 등으로부터 탈퇴시키기 위하여 필요한 사항을 명할 수 있다."(제3항)

Ⅳ. 가입강요 방지를 위한 필요사항 명령(제19조)

"공안위원회는 지정폭력단원이 가입강요 명령 등의 금지(제17조)의 규정에 위반하는 행위를 한 경우에, 당해 지정폭력단원이 다시 반복하여 동 조의 규정에 위반하는 행위를 할 우려가 있다고 인정하는 때에는 당해 지정폭력단원에게 1년을 초과하지 않는 범위 내에서 기간을 정하여 그 부하 지정폭력단원에 대하여 가입강요 등의 금지(제16조)의 규정에 위반하는 행위를 하는 것을 명하거나 또는 그 부하 지정폭력단원이 동 조의 규정에 위반하는 행위를 할 것을 조장하는 행위를 하는 것을 방지하기 위하여 필요한 사항 또는 다른 지정폭력단원에 대하여 동 조의 규정에 위반하는 행위를 하는 것을 의뢰하거나 또는 교사하는 것 또는 다른 지정폭력단원이 동 조의 규정에 위반하는 행위를 하는 것을 돕는 것을 방지하기 위하여 필요한 사항을 명할 수 있다."

V. 단지강요 등의 금지(제20조)

1. 단지의 의미

단지란 "폭력단원이 그 소속하는 폭력단의 통제에 반하는 행위를 한 것에 대해 사죄 또는 그 소속하는 폭력단으로부터의 탈퇴를 용인받는 것의 대가로서 기타 이와 유사한 취지로 그 손가락의 전부 또는 일부를 스스로 잘라 내는 것을 말한다."

2. 단지강요 등의 금지

"지정폭력단원은 다른 지정폭력단원에게 단지(이하 이 조 및 제22조(단지강요 등에 대한 조치) 제2항에서 같다)를 강요하거나 권유하거나 또는 단지에 사용하는 기구의 제공 기타 행위로 다른 지정폭력단원이 단지하는 것을 보조해서는 안 된다."

VI. 단지강요 명령 등의 금지(제21조)

1. 단지강요 명령 등의 금지

"지정폭력단원은 그 부하 지정폭력단원에게 단지강요 등의 금지(전조)의 규정에 위반하는 행위를 명하거나 또는 그 부하 지정폭력단원이 동 조의 규정에 위반하는 행위를 하는 것을 조장하는 행위를 해서는 안 된다."(제1항)

2. 단지 강요명령 등의 금지규정 위반행위 교사 등의 금지

"전항에서 규정하는 것 외에 지정폭력단원은 다른 지정폭력단원에게 단지강요 등의 금지(전조)의 규정에 위반하는 행위를 의뢰하거나 또는 교사하거나 또는 다른 지정폭력단원이 동 조의 규정에 위반하는 행위를 하는 것을 도와서는 안 된다."(제2항)

Ⅶ. 단지강요 등에 대한 조치(제22조)

1. 단지행위 중지명령 및 중지확보를 위한 필요사항 명령

"공안위원회는 지정폭력단원이 단지강요 등의 금지(제20조)의 규정에 위반하는 행위를 하고 있는 경우에는 당해 지정폭력단원에게 당해 행위를 중지할 것을 명하거나 또는 당해 행위가 중지되는 것을 확보하기 위하여 필요한 사항을 명할 수 있다."(제1항)

2. 반복 단지강요 방지를 위한 필요사항 명령

"공안위원회는 지정폭력단원이 단지강요 등의 금지(제20조)의 규정에 위반하는 행위를 한 경우에 당해 지정폭력단원이 다시 반복하여 동 조의 규정에 위반하는 행위를 할 우려가 있다고 인정하는 때에는 당해 지정폭력단원에게 1년을 초과하지 않는 범위 내에서 기간을 정하여 다른 지정폭력단원에게 단지를 강요하거나 권유하는 것 또는 단지에 사용하는 기구의 제공 기타 행위에 의해 다른

지정폭력단원이 단지하는 것을 보조하는 것을 방지하기 위하여 필요한 사항을 명할 수 있다."(제2항)

Ⅷ. 단지강요 명령의 금지를 위한 필요사항 명령(제23조)

"공안위원회는 지정폭력단원이 단지강요 명령 등의 금지(제21조)의 규정에 위반하는 행위를 한 경우에 당해 지정폭력단원이 다시 반복하여 동 조의 규정에 위반하는 행위를 할 우려가 있다고 인정하는 때에는 당해 지정폭력단원에게 1년을 초과하지 않는 범위 내에서 기간을 정하여 그 부하 지정폭력단원에 대하여 단지강요 등의 금지(제20조)의 규정에 위반하는 행위를 하는 것을 명하거나 또는 그 부하 폭력단원이 동 조의 규정에 위반하는 행위를 하는 것을 조장하는 행위를 하는 것을 방지하기 위해 필요한 사항 또는 다른 지정폭력단원에 대한 동 조의 규정에 위반하는 행위를 의뢰하거나 교사하거나 또는 다른 지정폭력단원이 동 조의 규정에 위반하는 행위를 하는 것을 도와주는 것을 방지하기 위하여 필요한 사항을 명할 수 있다."

Ⅸ. 소년에 대한 문신강요 등의 금지(제24조)

"지정폭력단원은 소년에게 문신을 시술하고, 소년에 대하여 문신을 강요하거나 또는 권유하거나 자금 제공, 시술의 알선 기타 행위에 의해 소년이 문신을 받는 것을 보조하여서는 안 된다."

X. 소년에 대한 문신강요 요구 등의 금지(제25조)

"지정폭력단원은 다른 지정폭력단원에게 소년에 대한 문신강요 등의 금지(전조)의 규정에 위반하는 행위를 요구, 의뢰 또는 교사하고 또는 다른 지정폭력단원이 동 조의 규정에 위반하는 행위를 하는 것을 도와서는 안 된다."

XI. 소년에 대한 문신강요 등에 대한 조치(제26조)

1. 소년에 대한 문신강요 중지명령 및 중지를 위한 필요사항 명령

"공안위원회는 지정폭력단원이 소년에 대한 문신강요 등의 금지(제24조)의 규정에 위반하는 행위를 하고 있고, 당해 행위에 관련된 소년이 곤혹스러워하고 있다고 인정되거나 또는 당해 행위가 당해 소년의 보호자의 의사에 반한다고 인정하는 경우에는 당해 지정폭력단원에게 당해 행위를 중지할 것을 명하거나 또는 당해 행위가 중지되는 것을 확보하기 위하여 필요한 사항을 명할 수 있다."(제1항)

2. 반복 문신 강요방지를 위한 필요사항 명령

"공안위원회는 지정폭력단원이 소년에 대한 문신강요 등의 금지(제24조)의 규정에 위반하는 행위를 한 경우에 당해 지정폭력단원이 다시 반복하여 동 조의 규정에 위반하는 행위를 할 우려가 있다고 인정하는 때에는 당해 지정폭력단원에게 1년을 초과하지 않는 범위 내에서 기간을 정하여 소년에게 문신을 시술하는 것, 소년에게 문신을 하도록 강요하고 또는 권유하는 것 또는 자금의 제공, 시술의 알선 기타 행위에 의하여 소년이 문신을 받는 것을 보조하는 것을 방지하기 위하여 필요한 사항을 명할 수 있다."(제2항)

XII. 소년에 대한 문신강요 명령의 의뢰 등의 금지(제27조)

"공안위원회는 지정폭력단원이 소년에 대한 문신강요 요구 등의 금지(제25조)의 규정에 위반하는 행위를 한 경우에 당해 지정폭력단원이 다시 반복하여 동 조의 규정에 위반하는 행위를 할 우려가 있다고 인정하는 때에는 당해 지정폭력단원에게 1년을 초과하지 아니하는 범위 내에서 기간을 정하여 다른 지정폭력단원에게 소년에 대한 문신강요 등의 금지(제24조)의 규정에 위반하는 행위를 할 것을 요구, 의뢰, 또는 교사하는 것 또는 다른 지정폭력단원이 동 조의 규정에 위반하는 행위를 하는 것을 도와주는 것을 방지하기 위하여 필요한 사항을 명할 수 있다."

XIII. 이탈의 의지를 갖고 있는 자에 대한 원호 등(제28조)

1. 이탈희망자에 대한 보도 및 원호

"공안위원회는 폭력단으로부터 이탈하려는 의지를 갖고 있는 자

(이하 이 조에 있어서 '이탈희망자'라고 한다) 기타 관계자를 대상으로 이탈희망자를 취업환경에 원활하게 적응하게 하는 것의 촉진, 이탈희망자가 폭력단으로부터 탈퇴하는 것을 방해하는 행위의 예방 및 이탈희망자에 대한 보도(補導), 기타 원호(援護), 기타 이탈희망자의 폭력단으로부터의 이탈과 사회경제활동에의 참가를 확보하기 위하여 필요한 조치를 강구한다."(제1항)

2. 이탈희망자를 위한 취직 등의 원호

"공안위원회는 폭력단으로부터 이탈한 자가 취직 등을 통하여 사회경제활동에 참가하는 것의 중요성에 대하여 주민 및 사업자의 관심을 높이고, 폭력단으로부터 이탈한 자에 대한 원호에 관한 사상을 보급하기 위한 계발을 널리 행한다."(제2항)

3. 이탈희망자의 상황에 관한 보고 요구

"공안위원회는 제1항의 조치를 실시하기 위하여 필요한 한도에서 이탈희망자의 상황에 관하여 제32조의2(도도부현 폭력추방운동추진센터) 제1항의 규정에 의해 지정한 도도부현 폭력추방운동추진센터에 보고를 요구할 수 있다."(제3항)

제2절 사무소 등에 있어서 금지행위 등

제2절은 사무소 등에 있어서 금지행위(제29조), 사무소 등에 있어서 금지행위에 대한 조치(제30조) 등 2개의 조문으로 구성되어 있다.

Ⅰ. 사무소 등에 있어서 금지행위(제29조)

지정폭력단원은 다음 행위를 해서는 안 된다.

1. 사무소의 외부에 불안조장 표시물품의 게시

"지정폭력단 등의 사무소(이하 이 조 및 제33조(보고 및 출입) 제1항에서 간단히 '사무소'라고 한다)의 외부에, 또는 외부에서 볼 수 있는 상태로 그 내부에 부근 주민 또는 통행인에게 불안을 느끼게 할 우려가 있는 표시 또는 물품으로 국가공안위원회규칙이 정하는 것을 게시하거나 설치하는 것"(제1호)

2. 불안감 조성 행위 금지

"사무소 또는 그 주변에서 현저하게 천하고 난폭한 언동을 하거나 또는 위세를 보이는 것에 의하여 부근 주민 또는 통행인에게 불안감을 느끼게 하는 것"(제2호)

3. 사무소의 채무이행용 이용금지

"타인에게 채무의 이행 기타의 국가공안위원회규칙으로 정하는 용무를 보는 장소로서 사무소를 이용하는 것을 강요하는 것"(제3호)

II. 사무소 등에 있어서 금지행위에 대한 조치(제30조)

"공안위원회는 지정폭력단원이 사무소 등에 있어서 금지행위(전조)의 규정에 위반하는 행위를 하여 부근 주민 또는 통행인 또는 당해 행위 상대방의 생활의 평온 또는 업무수행의 평온을 해하고 있다고 인정하는 경우에는 당해 지정폭력단원에게 당해 행위를 중지할 것을 명하거나 당해 행위가 중지되는 것을 확보하기 위하여 필요한 사항을 명할 수 있다."

제3절 손해배상청구 등의 방해 규제

제3절은 손해배상청구 등의 방해 금지(제30조의2), 손해배상청구 등의 방해에 대한 조치(제30조의3), 손해배상청구 등의 방해를 방지하기 위한 조치(제30조의4) 등 3개의 조문으로 구성되어 있다.

Ⅰ. 손해배상청구 등의 방해 금지(제30조의2)

"지정폭력단원은 다음에 있는 청구를 하거나 하려는 자(이하 이 조에 있어서 '청구자'라고 한다)를 협박하고, 청구자 또는 그 배우자, 직계 또는 동거 친족 기타 청구자와 사회생활에서 밀접한 관계를 갖는 자로서 국가공안위원회규칙으로 정하는 자(제30조의4(손해배상청구 등의 방해를 방지하기 위한 조치) 및 제30조의5(폭력행위 찬양 등의 규제) 제1항 제3호 및 제4호에서 '배우자 등'이라 한다)를 따라다니고, 기타 청구자를 불안하게 하는 방법으로 방해해서는 안 된다."

1. 지정폭력단원에 대한 손해배상청구 등

"당해 지정폭력단원 기타 당해 지정폭력단원이 소속하는 지정폭력단 등의 지정폭력단원이 한 불법행위로 피해를 입은 자가 당해 불법행위를 한 지정폭력단원 기타 당해 피해 회복에 관하여 책임을 부담해야 할 당해 지정폭력단 등의 지정폭력단원에게 하는 손해배상청구 기타 당해 피해를 회복하기 위한 청구"(제1호)

2. 사무소 사용금지 등의 청구

"당해 지정폭력단원이 소속한 지정폭력단 등의 사무소(사무소로 하기 위하여 정비 중인 시설 또는 시설의 구획된 부분을 포함한다. 이하 이 호에 있어서 같다) 부근 주민 기타의 자로 당해 사무소 또는 그 주변에 있는 당해 지정폭력단 등의 지정폭력단원의 행위로 그 생활의 평온 또는 업무수행의 평온을 침해받고 있는 자 또는 당해 사무소의 사용에 제공된 건물 또는 토지(이하 이 호에 있어서 '건물 등'이라고 한다)의 소유권 기타 당해 건물 등에 관하여 사용 또는 수익할 권리 또는 당해 건물 등에 관련된 담보권을 갖는 자로 당해 지정폭력단 등의 지정폭력단원의 행위로 당해 권리를 침해받고 있는 자가 당해 사무소에 관련된 관리자에게 하는 당해 행위의 정지 또는 당해 사무소의 사용 금지 청구 기타 당해 사무소를 당해 지정폭력단 등의 지정폭력단원에게 사용하지 못하도록 하기 위한 청구"(제2호)

II. 손해배상청구 등의 방해에 대한 조치(제30조의3)

"공안위원회는 지정폭력단원이 전조의 규정에 위반하는 행위를 하는 경우에는 당해 지정폭력단원에게 당해 행위를 중지하는 것을 명하거나, 또는 당해 행위가 중지될 것을 확보하기 위하여 필요한 사항을 명할 수 있다."

III. 손해배상청구 등의 방해를 방지하기 위한 조치(제30조의4)

"공안위원회는 제30조의2(손해배상청구 등의 방해 금지) 각 호의 청구가 있었던 경우에 당해 청구의 상대방인 지정폭력단원이 당해 청구에 관련된 청구자 또는 그 배우자 등의 생명, 신체 또는 재산에 위험을 가하는 방법으로 동 조의 규정에 위반하는 행위를 할 우려가 있다고 인정하는 때에는 당해 지정폭력단원에게 1년을 초과하지 않는 범위 내에서 기간을 정하여 동 조의 규정에 위반하는 행위를 방지하기 위하여 필요한 사항을 명할 수 있다."

제4절 폭력행위 찬양 등의 규제(제30조의5)

제4절은 폭력행위 찬양 등의 규제(제30조의5) 1개의 조문으로 구성되어 있다.

Ⅰ. 지정폭력단원에 대한 공여금지 명령

"공안위원회는 지정폭력단원이 다음 각 호의 1에 해당하는 폭력행위를 감행하여 형에 처하여진 경우에 당해 지정폭력단원이 소속하는 지정폭력단 등의 다른 지정폭력단원이 당해 폭력행위의 감행을 찬양 또는 위로할 목적으로 당해 지정폭력단원에게 금품 등의 공여를 할 우려가 있다고 인정하는 때에는 당해 다른 지정폭력단원 또는 당해 지정폭력단원에 대하여 기간을 정하여 당해 금품 등의 공여를 해서는 안 되며 또는 이것을 받아서는 안 된다는 취지를 명할 수 있다. 단, 당해 명령 기간의 종기(終期)는 당해 형의 집행을 종료하거나 또는 집행이 면제된 날로부터 5년을 경과한 날을 초과해서는 안 된다."(제1항)

1. 지정폭력단 간의 흉기사용 폭력행위의 발생

"당해 지정폭력단 등과 다른 지정폭력단 등과의 사이에 대립이 발생하고, 이로 인해 당해 다른 지정폭력단 등의 사무소 또는 지정폭력단원 또는 그 주택에 대하여 흉기를 사용한 폭력행위가 발생한 경우에 당해 폭력행위"(제1호)

2. 지정폭력단원 간의 흉기사용 폭력행위의 발생

"당해 지정폭력단 등에 소속한 지정폭력단원 집단 상호 간에 대립이 발생하고 이로 인해 당해 대립에 관련된 지정폭력단 등의 사무소(그 관리자가 당해 대립에 관련된 집단에 소속하고 있는 것에 한한다) 또는 당해 대립에 관련된 집단에 소속하는 지정폭력단원 또는 그 주택에 대하여 흉기를 사용한 폭력행위가 발생한 경우에 당해 폭력행위"(제2호)

3. 보복목적 폭력행위

"당해 지정폭력단 등의 지정폭력단원이 한 폭력적 요구행위를 그 상대방이 거절한 경우에 여기에 보복하거나 또는 당해 상대방을 당해 폭력적 요구행위에 응하게 할 목적으로 당해 상대방 또는 그 배우자 등에 대하여 하는 폭력행위"(제3호)

4. 손해배상청구 방해목적 등으로 하는 폭력행위

"제30조의2(손해배상청구 등의 방해 금지) 각 호의 청구를 방해할 목적 또는 당해 청구가 있었던 것에 보복할 목적으로 당해 청구를 하거나, 하려는 자 또는 그 배우자 등에게 하는 폭력행위"(제4호)

Ⅱ. 명령의 취소

"공안위원회는 전항의 규정에 의한 명령을 하는 경우에 당해 명령의 기간을 경과하기 전에 동 항에서 규정하는 우려가 없다고 인정됨에 이른 때에는 신속하게 당해 명령을 취소하여야 한다."(제2항)

제5장 지정폭력단 대표자 등의 손해배상책임

'지정폭력단 대표자 등의 손해배상책임'은 대립항쟁 등에 관련된 손해배상책임(제31조), 위력이용 자금획득행위에 관련한 손해배상책임(제31조의2), 민법의 적용(제31조의3) 등 3개의 조문으로 구성되어 있다.

Ⅰ. 대립항쟁 등에 관련된 손해배상책임(제31조)

1. 지정폭력단의 대표자 등의 손해배상책임

"지정폭력단의 대표자 등은 당해 지정폭력단과 다른 지정폭력단과의 사이에 대립이 발생하여, 이로 인해 당해 지정폭력단 지정폭력단원에 의한 폭력행위(흉기를 사용하는 것에 한한다. 이하 이 조에 있어서 같다)가 발생한 경우에, 당해 폭력행위로 타인의 생명, 신체 또는 재산을 침해한 때에는 이로 인해 발생한 손해를 배상할 책임을 진다."(제1항)

2. 대립항쟁에 의한 손해의 배상책임

"하나의 지정폭력단에 소속하는 지정폭력단원 집단 상호 간에 대립이 발생하고, 이로 인해 당해 대립에 관련된 집단에 소속하는 지정폭력단원에 의한 폭력행위가 발생한 경우에 당해 폭력행위로 타인의 생명, 신체 또는 재산을 침해한 때에도 전항과 같다."(제2항)

Ⅱ. 위력이용 자금획득행위에 관련한 손해배상책임(제31조의2)

1. 위력이용 자금획득행위 관련 손해배상책임

"지정폭력단의 대표자 등은 당해 지정폭력단 지정폭력단원이 위력이용 자금획득행위(당해 지정폭력단의 위력을 이용하여 생계의 유지, 재산의 형성 또는 사업의 수행을 위한 자금을 얻거나 또는 당해 자금을 얻기 위하여 필요한 지위를 얻는 행위를 말한다. 이하 이 조에서 같다)를 하는 것에 관해서 타인의 생명, 신체 또는 재산을 침해한 때에는 이로 인해 발생한 손해를 배상할 책임을 진다."

2. 위력이용 자금획득행위 관련 손해배상책임의 예외

"단 다음의 경우에는 그러하지 않다."

(1) 대표자 등이 그 지위에 있지 않았을 때

"당해 대표자 등이 당해 대표자 등 이외의 당해 지정폭력단 지정폭력단원이 하는 위력이용 자금획득행위로 인해 직·간접으로 그 생계의 유지, 재산의 형성 혹은 사업의 수행을 위한 자금이나, 또는 당해 자금을 얻기 위하여 필요한 지위를 얻지 않았을 때"(제1호)

(2) 자금획득 행위에 관하여 대표자 등에게 과실이 없을 때

"당해 위력이용 자금획득행위가 당해 지정폭력단 지정폭력단원 이외의 자가 오로지 자기의 이익을 도모할 목적으로 당해 지정폭력단원에게 강요한 것에 의해 행해진 것이며, 당해 위력이용 자금획득행위가 있었던 것에 관하여 당해 대표자 등에게 과실이 없을 때"(제2호)

Ⅲ. 민법의 적용(제31조의3)

"지정폭력단 대표자 등의 손해배상 책임은 전 2조의 규정 외에 민법(1896년 29년 법률 제89호)의 규정에 의한다."

제6장 폭력단원에 의한 부당한 행위의 방지 및 이것에 의한 부당한 영향의 배제를 위한 민간활동의 촉진

'폭력단원에 의한 부당한 행위의 방지 및 이것에 의한 부당한 영향의 배제를 위한 민간활동의 촉진'은 국가 및 지방공공단체의 책무(제32조), 도도부현 폭력추방운동추진센터(제32조의2), 전국폭력추방운동추진센터(제32조의3) 등 3개의 조문으로 구성되어 있다.

Ⅰ. 국가 및 지방공공단체의 책무(제32조)

1. 폭력배제 활동의 촉진을 위한 정보의 제공 등의 책무

"국가 및 지방공공단체는 사업자, 국민 또는 이러한 자가 조직하는 민간단체(다음 항에서 '사업자 등'이라고 한다)가 자발적으로 하는 폭력배제 활동(폭력단원에 의한 부당한 행위의 방지 및 이것에 의해 사업활동 또는 시민생활에서 발생한 부당한 영향을 배제하기 위한 활동을 말한다. 동 항에 있어서 같다)의 촉진을 도모하기 위하여 정보의 제공, 조언, 지도 기타 필요한 조치를 강구한다."(제1항)

2. 폭력배제 활동을 위한 안전 확보 배려책무

"국가 및 지방공공단체는 사업자 등이 안심하고 폭력배제 활동

실시에 몰두할 수 있도록 그 안전 확보를 배려해야 한다."(제2항)

Ⅱ. 도도부현 폭력추방운동추진센터(제32조의2)

1. 도도부현 폭력추방운동추진센터의 지정

"공안위원회는 다음 각 호의 요건 모두에 해당한다고 인정되는 자를 그 신청에 의해 도도부현에 하나에 한정하여 도도부현 폭력추방운동추진센터(이하 '도도부현센터'라고 한다)로 지정할 수 있다."(제1항)

(1) 일반사단법인 또는 일반재산법인일 것
"폭력단원에 의한 부당한 행위의 방지 및 이것에 의한 피해의 구제에 기여하는 것을 목적으로 하는 일반사단법인 또는 일반재단법인일 것"(제1호)

(2) 폭력추방상담위원이 있을 것
"다음 항 제3호부터 제5호까지의 사업(이하 '상담사업'이라고 한다)에 관련된 상담의 신청인, 폭력단의 영향을 받고 있는 소년 또는 폭력단으로부터 이탈하려는 의지를 갖고 있는 자(제3항에 있어서 '상담의 신청인 등'이라고 한다)에 대한 조언에 관하여 전문적 지식, 경험을 가진 자로서 국가공안위원회규칙에서 정하는 자(이하 '폭력추방상담위원'이라고 한다)를 두고 있을 것"(제2호)

(3) 국가공안위원회규칙이 정하는 기준에 적합할 것

"기타 다음 항에 규정하는 사업을 적정하고 확실하게 하기 위해
필요한 것으로서 국가공안위원회규칙이 정하는 기준에 적합할 것"
(제3호)

2. 도도부현센터의 사업

"도도부현센터는 당해 도도부현의 구역에서 다음 사업을 한다."
(제2항)

(1) "폭력단원에 의한 부당한 행위의 예방에 관한 지식의 보급
  및 사상의 고양을 도모하기 위한 홍보활동을 하는 것"(제1호)
(2) "폭력단원에 의한 부당한 행위의 예방에 관한 민간의 자주적
  인 조직활동을 돕는 것"(제2호)
(3) "폭력단원에 의한 부당한 행위에 관한 상담에 응하는 것"(제3호)
(4) "소년에 대한 폭력단의 영향을 배제하기 위하여 활동을 하는
  것"(제4호)
(5) "폭력단으로부터 이탈하려는 의지를 가지고 있는 자를 돕기
  위하여 활동을 하는 것"(제5호)
(6) "공안위원회의 위탁을 받은 제14조(사업자에 대한 원조) 제2
  항의 강습을 하는 것"(제6호)
(7) "부당요구정보관리기관(부당요구에 관하여 정보의 수집 및 사
  업자에 대하여 당해 정보의 제공을 업으로 하는 자를 말한다)
  의 업무를 돕는 것"(제7호)
(8) "폭력단원에 의한 부당한 행위의 피해자에게 위로금의 지급,

민사소송의 지원 기타 원호를 하는 것"(제8호)

(9) "풍속영업 등의 규제 및 업무의 적정화 등에 관한 법률(1948
년 법률 제122호) 제38조에 규정하는 소년지도위원에게 제4
호의 사업목적을 달성하기 위하여 필요한 연수를 하는 것"
(제9호)

(10) "전 각 호의 사업에 부대하는 사업"(제10호)

3. 폭력추방상담위원의 상담신청인에 대한 조언

"도도부현센터는 상담사업을 함에 있어서 상담의 신청인 등에
대한 조언에 관해서는 폭력추방상담위원에게 하도록 하여야 한
다."(제3항)

4. 도도부현센터의 조언 및 해결노력의무

"도도부현센터는 주민으로부터 폭력단원에 의한 부당한 행위에
관한 상담의 신청이 있는 때에는 그 상담에 응하여 신청인에게 필
요한 조언을 하고 그 상담에 관한 사항의 신속하고 적절한 해결에
노력하여야 한다."(제4항)

5. 도도부현센터에 대한 필요조치 명령

"공안위원회는 도도부현센터의 재산 상황 또는 그 사업의 운영
에 관하여 개선이 필요하다고 인정하는 때에는 도도부현센터에 대
하여 그 개선에 필요한 조치를 찾기 위해 해야만 하는 일을 명할

수 있다."(제5항)

6. 도도부현센터의 지정취소

"공안위원회는 도도부현센터가 전항의 규정에 의한 명령을 위반한 때에는 제1항의 지정을 취소할 수 있다."(제6항)

7. 상담 시 지득한 비밀누설 금지

"도도부현센터의 임원 또는 직원(폭력추방상담위원을 포함한다) 또는 이러한 직에 있었던 자는 상담사업에 관한 업무에 관하여 지득한 비밀을 누설해서는 안 된다."(제7항)

8. 경찰과의 업무협력

"도도부현센터는 그 업무의 운영에 관하여 도도부현 경찰과 밀접하게 연락하고, 도도부현 경찰은 도도부현센터에 대하여 그 업무의 원활한 운영을 도모하도록 필요한 배려를 한다."(제8항)

9. 기타 사항의 규정

"제1항의 지정 절차 기타 도도부현센터에 관하여 필요한 사항은 국가공안위원회규칙으로 정한다."(제9항)

Ⅲ. 전국폭력추방운동추진센터(제32조의3)

1. 전국폭력추방운동추진센터의 지정

"국가공안위원회는 폭력단원에 의한 부당한 행위의 방지 및 이에 의한 피해의 구제에 기여하는 것을 목적으로 하는 일반사단법인 또는 일반재단법인으로 다음 항에 규정하는 사업을 적정하고 확실하게 할 수 있다고 인정되는 법인을 그 신청에 의하여 전국에 하나에 한하여 전국폭력추방운동추진센터(이하「전국센터」라고 한다)로서 지정할 수 있다."(제1항)

2. 전국폭력추방운동추진센터의 사업

"전국센터는 다음 사업을 한다."(제2항)

(1) 홍보활동
"폭력단원에 의한 부당한 행위의 예방에 관한 지식의 보급 및 사상의 고양을 도모하기 위하여 2 이상의 도도부현 구역에서 홍보활동을 하는 것"(제1호)

(2) 연수시행
"폭력추방상담위원 기타 도도부현센터의 업무를 하는 자에 대한 연수를 하는 것"(제2호)

(3) 폭력단의 영향에 관한 조사연구
"소년의 건전한 육성 및 폭력단의 영향 기타 폭력단이 시민생활

에 미치는 영향에 관한 조사연구를 하는 것"(제3호)

(4) 도도부현센터와의 연락조정
"도도부현센터의 사업에 관하여 연락조정을 하는 것"(제4호)

(5) 기타 부대사업
"전 각 호의 사업에 부대하는 사업"(제5호)

3. 준용규정

"전조(도도부현 폭력추방운동추진센터) 제5항, 제6항, 제8항 및 제9항의 규정은 전국센터에 관하여 준용한다. 이 경우에 동 조(도도부현 폭력추방운동추진센터) 제5항 및 제6항 중 '공안위원회'는 '국가공안위원회'로, 동 조 제8항 중 '도도부현경찰'은 '국가공안위원회 및 경찰청'으로 대체하기로 한다."(제3항)

제7장 잡칙

'잡칙'은 보고 및 출입(제33조), 의견청취(제34조), 가명령(제35조), 공안위원회의 보고 등(제36조), 불복신청 등(제37조), 심사전문위원(제38조), 명령 등을 행하는 공안위원회(제39조), 경찰청장관에의 권한의 위임(제40조), 방면공안위원회에의 권한의 위임(제41조), 공안위원회 사무의 위임(제42조), 행정절차법의 적용제외(제43조),

경과조치(제44조), 국가공안위원회규칙에의 위임(제45조) 등 13개의 조문으로 구성되어 있다.

Ⅰ. 보고 및 출입(제33조)

1. 보고 및 출입

"공안위원회는 이 법률의 시행에 필요하다고 인정하는 때에는 국가공안위원회규칙에서 정하는 바에 의하여 이 법률의 시행에 필요한 한도에서 지정폭력단원 기타 관계자에 대한 보고 또는 자료의 제출을 요구하거나 또는 경찰직원이 사무소에 입회하여 물건을 검사하게 하거나 또는 지정폭력단원 기타 관계자에게 질문하게 할 수 있다."(제1항)

2. 출입 시 증명서의 휴대 및 제시

"전항의 규정에 의한 출입검사를 하는 직원은 그 신분을 나타내는 증명서를 휴대하고 관계자에게 제시하여야 한다."(제2항)

3. 출입검사의 범죄수사 부인

"제1항의 규정에 의한 출입검사의 권한은 범죄수사를 위해 인정되는 것으로 해석해서는 안 된다."(제3항)

II. 의견청취(제34조)

1. 공개에 의한 의견청취

"공안위원회는 제11조(폭력적 요구행위 등에 대한 조치) 제2항, 제12조(폭력적 요구행위의 요구 등의 금지의 위반 등의 방지관련 명령) 제1항, 제12조의2(폭력적 요구행위 방지관련 명령), 제12조의4(준폭력적 요구행위의 요구 등에 대한 조치) 제1항, 제12조의6(준폭력적 요구행위에 대한 조치) 제2항, 제15조(대립항쟁 시 사무소의 사용제한) 제1항(동 조 제2항에서 준용하는 경우를 포함한다. 다음 조(가명령), 제39조(명령 등을 행하는 공안위원회) 및 제42조(공안위원회 사무의 위임) 제1항에 있어서 같다), 제18조(가입강요 등에 대한 조치) 제2항 또는 제3항, 제19조(가입강요 방지를 위한 필요사항 명령), 제22조(단지강요 등에 대한 조치) 제2항, 제23조(단지강요 명령의 금지를 위한 필요사항 명령), 제26조(소년에 대한 문신강요 등에 대한 조치) 제2항, 제27조(소년에 대한 문신강요 명령의 의뢰 등의 금지), 제30조의4(손해배상청구 등의 방해를 방지하기 위한 조치) 또는 제30조의5(폭력행위 찬양 등의 규제) 제1항의 규정에 의한 명령을 하려는 때에는 공개에 의한 의견청취를 하여야 한다."(제1항 전단)

2. 비공개에 의한 의견청취

"단 명령에 관련된 자가 한 폭력적 요구행위 또는 준폭력적 요구행위, 제16조(가입강요 등의 금지) 또는 제24조(소년에 대한 문신 강요 등의 금지)의 규정에 위반하는 행위 또는 제30조의5(폭력행위 찬양 등의 규제) 제1항에서 규정하는 폭력행위의 상대방 또는 제30조의4(손해배상청구 등의 방해를 방지하기 위한 조치)에 규정하는 청구자 또는 그 배우자 등에 관련된 개인의 비밀 또는 사업상의 비밀의 보호를 위하여 부득이하다고 인정하는 때에는 의견청취를 공개하지 않을 수 있다."(제1항 후단)

3. 의견청취의 기일 및 장소의 공시

"전항의 의견청취를 하는 경우에 공안위원회는 당해 명령에 관련된 자에 대하여 명령을 하려는 이유 및 의견청취 기일 및 장소를 상당기간을 두고서 통지하고 동시에 의견청취의 기일 및 장소를 공시하여야 한다."(제2항)

4. 의견의 진술 및 증거의 제출

"의견청취에 임하여 당해 명령에 관련된 자 또는 그 대리인은 당해 사안에 대하여 의견을 진술하고 유리한 증거를 제출할 수 있다."(제3항)

5. 지정폭력단원의 출석 및 의견진술 요청 시의 허가

"폭력적 요구행위 방지 관련 명령(제12조의2)의 규정에 의한 명령에 관련된 제1항의 의견청취를 하는 경우에 당해 명령에 관련된 자가 당해 명령에 관련된 폭력적 요구행위를 한 지정폭력단원의 출석 및 의견 진술을 구한 때에는 공안위원회는 이것을 허가할 수 있다."(제4항)

6. 출석불응·소재불명 시의 의견청취 없이 하는 명령

"공안위원회는 당해 명령에 관련된 자 또는 그 대리인이 정당한 이유 없이 출석하지 않는 때 또는 당해 명령에 관련된 자의 소재가 불명하여 제2항의 규정에 의한 통지를 할 수 없고, 동 항의 규정에 의한 공시된 날로부터 기산하여 30일을 경과하여도 그 자의 소재가 판명되지 않은 때에는 제1항의 규정에도 불구하고 의견청취를 하지 않고 동 항에 규정한 명령을 할 수 있다."(제5항)

7. 의견청취 실시에 관한 필요사항

"전 각 항에 정한 것 외에 제1항의 의견청취 실시에 관하여 필요한 사항은 국가공안위원회규칙으로 정한다."(제6항)

Ⅲ. 가명령(제35조)

1. 긴급을 요하는 경우의 명령

"공안위원회는 긴급을 요하는 경우에는 전조 제1항의 규정에도 불구하고 동 항의 의견청취를 하지 않고 임시로 제11조(폭력적 요구행위 등에 대한 조치) 제2항, 제12조의4(준폭력적 요구행위의 요구 등에 대한 조치) 제1항, 제12조의6(준폭력적 요구행위에 대한 조치) 제2항, 제15조(대립항쟁 시 사무소의 사용제한) 제1항, 제18조(가입강요 등에 대한 조치) 제2항, 제19조(가입강요 방지를 위한 필요사항 명령), 제22조(단지강요 등에 대한 조치) 제2항, 제23조(단지강요 명령의 금지를 위한 필요사항 명령), 제26조(소년에 대한 문신강요 등에 대한 조치) 제2항, 제27조(소년에 대한 문신강요 명령의 의뢰 등의 금지), 제30조의4(손해배상청구 등의 방해를 방지하기 위한 조치) 또는 제30조의5(폭력행위 찬양 등의 규제) 제1항의 규정(이하 이 조에서 '제11조(폭력적 요구행위 등에 대한 조치) 제2항, 제12조의4(준폭력적 요구행위의 요구 등에 대한 조치) 제1항, 제12조의6(준폭력적 요구행위에 대한 조치) 제2항 등의 규정'을 말한다)에 의한 명령을 할 수 있다."(제1항)

2. 가명령의 효력

"전항 규정에 의한 명령(이하 '가명령'이라고 한다)의 효력은 가명령한 날로부터 기산하여 15일로 한다."(제2항)

3. 가명령 시의 공개에 의한 의견청취

"공안위원회는 가명령을 한 때에는 당해 가명령을 한 날로부터 기산하여 15일 이내에 공개에 의한 의견청취를 하여야 한다."(제3항)

4. 지정폭력단의 주소 등을 관할하는 공안위원회의 의견청취

"공안위원회가 한 가명령이 제15조(대립항쟁 시 사무소의 사용제한) 제1항, 제30조의4(손해배상청구 등의 방해를 방지하기 위한 조치) 및 제30조의5(폭력행위 찬양 등의 규제) 제1항에 관련된 것 이외의 것인 경우에 당해 가명령을 받은 자의 당해 가명령에 관련된 위반행위를 한 때의 주소(당해 위반행위를 한 자가 지정폭력단원인 경우에 당해 지정폭력단원의 주소가 명확하지 않은 때에는 당해 지정폭력단원이 소속하는 지정폭력단 등의 주된 사무소. 이하 이 항에서 '주소 등'이라고 한다)가 당해 가명령을 한 공안위원회 이외의 공안위원회 관할구역 내에 존재하는 때에는 당해 가명령을 한 공안위원회는 전항의 규정에도 불구하고 동 항의 의견청취를 하지 않고 신속하게 당해 가명령을 한 취지를 그 자의 주소 등의 소재지를 관할하는 공안위원회에 통지하여야 하다. 이 경우에 통지를 받은 공안위원회는 당해 가명령의 명령이 있었던 날로부터 기산하여 15일 이내에 공개에 의한 의견청취를 하여야 한다."(제4항)

5. 준용규정

"전조(의견청취) 제1항 단서, 제2항, 제3항 및 제6항의 규정은 전2항의 의견청취에 대하여 준용한다. 이 경우에 동 조 제2항 중 '명령을 하려는 이유'는 '가명령을 한 이유'로, '상당한 기간에 두고서'는 '신속하게'로 대체한다."(제5항)

6. 의견청취 없이 하는 명령

"공안위원회는 제3항 또는 제4항의 의견청취 결과, 가명령이 부당하지 않다고 인정한 때에는 전조 제1항의 규정에도 불구하고 동항의 의견청취를 하지 않고 제11조(폭력적 요구행위 등에 대한 조치) 제2항 등의 규정에 의한 명령을 할 수 있다."(제6항)

7. 가명령의 실효

"제11조(폭력적 요구행위 등에 대한 조치) 제2항의 규정에 의한 명령을 한 때에는 가명령은 그 효력을 잃는다."(제7항)

8. 부당한 가명령의 실효

"공안위원회는 제3항 또는 제4항의 의견청취 결과 가명령이 부당하다고 인정한 경우에는 즉시 그 명령의 효력을 잃게 하여야 한다."(제8항)

9. 소재불명 등의 이유로 의견청취가 불가능한 경우의 가명령의 효력

"가명령에 관련된 자의 소재가 불명하기 때문에 제5항에서 준용하는 전조 제2항의 규정에 의한 통지를 할 수 없는 것에 의해 또는 가명령에 관련된 자 또는 그 대리인이 출석하지 않는 것에 의해 제3항 또는 제4항의 의견청취를 할 수 없고, 동시에 다음의 명령을 하기 위하여 당해 가명령이 있었던 날부터 기산하여 15일 이내에 동 조 제1항의 의견청취에 관련된 동 조 제2항의 규정에 의한 공시가 되어 있을 때에는 제2항의 규정에도 불구하고 당해 가명령의 효력은 당해 의견청취의 기일(동 조 제5항의 규정에 해당하는 경우에는 당해 의견청취에 관련된 공시를 한 날로부터 기산하여 30일을 경과한 날)까지로 한다."(제9항)

(1) "당해 가명령에 관련된 위반행위에 관한 제11조(폭력적 요구행위 등에 대한 조치) 제2항 등의 규정(제15조(대립항쟁 시 사무소의 사용제한) 제1항, 제30조의4(손해배상청구 등의 방해를 방지하기 위한 조치) 및 제30조의5(폭력행위 찬양 등의 규제) 제1항의 규정을 제외한다)에 의한 명령"(제1호)

(2) "당해 가명령에 관련된 지정폭력단 등의 사무소에 관한 제15조(대립항쟁 시 사무소의 사용제한) 제1항의 규정에 의한 명령"(제2호)

(3) "당해 가명령에 관련된 청구에 관한 제30조의4(손해배상청구 등의 방해를 방지하기 위한 조치)의 규정에 의한 명령"(제3호)

(4) "당해 가명령에 관련된 폭력행위에 관한 제30조의5(폭력행위 찬양 등의 규제) 제1항에 의한 명령"(제4호)

Ⅳ. 공안위원회의 보고 등(제36조)

1. 폭력단의 활동상황 등의 보고

"공안위원회는 폭력단의 활동상황, 폭력단의 사무소 소재지 기타

폭력단의 실태를 파악하고 이에 관한 사항을 국가공안위원회에 보고하여야 한다."(제1항)

2. 폭력단의 주된 사무소의 결정 및 취지의 통보

"국가공안위원회는 전항의 규정에 의한 보고에 근거하여 보고에 관련된 폭력단의 주된 사무소로 인정되는 사무소를 결정하고 그 취지를 각 공안위원회에 통보한다."(제2항)

3. 명령사항의 보고 및 보고 관련 사항의 통보

"공안위원회는 지정폭력단원에 대하여 이 법률의 규정에 의한 명령을 한 경우에 당해 명령의 내용, 명령의 일시 기타 지정폭력단 등 또는 지정폭력단원에 관련된 사항으로서 국가공안위원회가 정하는 것을 국가공안위원회에 보고하여야 한다. 이 경우에 국가공안위원회는 당해 보고에 관련된 사항을 각 공안위원회에 통보한다."(제3항)

4. 자료의 열람 등의 협력요구

"공안위원회는 폭력단의 지정(제3조) 및 폭력단연합체의 지정(제4조)의 규정에 의한 지정 및 이 법률의 규정에 의한 명령을 함에 있어서 필요한 때에는 관공서에 이 지정 또는 명령을 하기 위하여 참고가 되는 자료의 열람 또는 제공 기타 협력을 구할 수 있다."(제4항)

V. 불복신청 등(제37조)

1. 지정불복에 관한 심사청구

"폭력단의 지정(제3조) 및 폭력단연합체의 지정(제4조)의 규정에 의한 지정에 불복하는 자는 국가공안위원회에 심사청구를 할 수 있다."(제1항)

2. 심사청구에 대한 재결 시 심사전문위원의 의견청취

"국가공안위원회는 지정폭력단 등의 지정에 관한 심사청구에 대한 재결에서는 국가공안위원회규칙에서 정하는 바에 따라 심사전문위원의 의견을 청취하여야 한다."(제2항)

3. 지정취소소송의 요건

"지정폭력단 등의 지정의 취소를 구하는 소송은 당해 지정에 관한 심사청구에 대한 국가공안위원회의 재결을 거친 후가 아니면 제기할 수 없다."(제3항)

VI. 심사전문위원(제38조)

1. 심사전문위원의 업무

"국가공안위원회에 폭력단의 지정(제3조) 및 폭력단연합체의 지정

(제4조)의 규정에 의한 지정폭력단 등의 지정에 관련된 확인 및 불복신청에 관하여 제3조(폭력단의 지정) 제1호 또는 제4조(폭력단연합체의 지정) 제2호의 요건에 관한 전문 사항을 조사·심의하고 의견을 제출하게 하기 위하여 심사전문위원 약간 명을 둔다."(제1항)

2. 심사전문위원의 자격

"심사전문위원은 인격이 고결하고 지정폭력단 등의 지정에 관하여 공정한 판단을 할 수 있고 동시에 법률 또는 사회에 관한 학식 경험을 갖춘 자 중에서 국가공안위원회가 임명한다."(제2항)

3. 심사전문위원의 임기 등

"심사전문위원의 임기 기타 심사전문위원에 관하여 필요한 사항은 정령으로 정한다."(제3항)

Ⅷ. 명령 등을 행하는 공안위원회(제39조)

"이 법률에서 공안위원회는 다음 각 호에 있는 사항에 관해서는 당해 각 호에서 정하는 공안위원회로 한다."

1. 제5조(의견청취) 제2항의 규정에 의한 통지 및 공시(제1호)
    "동 조 제1항의 의견청취에 관련된 지정을 하려는 자는 폭력단의 주된 사무소 소재지를 관할하는 공안위원회"

2. 제5조(의견청취) 제1항의 의견청취(제2호)

"동 조 제2항의 규정에 의한 공시를 한 공안위원회"

3. 제3조(폭력단의 지정) 및 제4조(폭력단연합체의 지정)의 규정에 의한 지정(제3호)

"제5조(의견청취) 제1항의 의견청취에 관련된 공안위원회"

4. 제8조(지정의 유효기간 및 취소) 제2항 또는 제3항의 규정에 의한 지정의 취소(제4호)

"지정의 취소를 하려는 지정폭력단 등의 주된 사무소 소재지를 관할하는 공안위원회"

5. 제11조(폭력적 요구행위 등에 대한 조치) 제2항, 제12조(폭력적 요구행위의 요구 등의 금지의 위반 등의 방지 관련 명령) 제1항, 제12조의4(준폭력적 요구행위의 요구 등에 대한 조치) 제1항, 제12조의6(준폭력적 요구행위에 대한 조치) 제2항, 제18조(가입강요 등에 대한 조치) 제2항 또는 제3항, 제19조(가입강요 방지를 위한 필요사항 명령), 제22조(단지강요 등에 대한 조치) 제2항, 제23조(단지강요 명령의 금지를 위한 필요사항 명령), 제26조(소년에 대한 문신강요 등에 대한 조치) 제2항 또는 제27조(소년에 대한 문신강요 명령의 의뢰 등의 금지)의 규정에 의한 명령(가명령을 제외한다) 또는 이러한 명령에 관련된 제34조(의견청취) 제1항의 의견청취(제6호)

"당해 명령 또는 의견청취에 관련된 위반행위가 있었던 때에 있어서 당해 위반행위를 한 자의 주소지(당해 위반행위를 한 자가 지정폭력단원인 경우로 당해 지정폭력단원의 주소가 명확하지 않은 때에는 당해 지정폭력단원이 소속한 지정폭력단 등의 주된 사무소의 소재지)를 관할하는 공안위원회"

6. 제12조의2(폭력적 요구행위 방지 관련 명령)의 규정에 의한 명령 또는 당해 명령에 관련된 제34조(의견청취) 제1항의 의견청취 당해 명령 또는 의견청취에 관련된 폭력적 요구행위가 있었던 때에 당해 명령 또는 의견청취에 관련된 제12조의2 각 호에 정한 지정폭력단원의 주소지(당해 지정폭력단원의 주소가 명확하지 않은 경우)(제6호)

   "당해 지정폭력단원이 소속하는 지정폭력단 등의 주된 사무소의 소재지를 관할하는 공안위원회"(제6호)

7. 제11조(폭력적 요구행위 등에 대한 조치) 제1항, 제12조(폭력적 요구행위의 요구 등의 금지의 위반 등의 방지 관련 명령) 제2항, 제12조의6(준폭력적 요구행위에 대한 조치) 제1항, 제18조(가입강요 등에 대한 조치) 제1항, 제22조(단지강요 등에 대한 조치) 제1항, 제26조(소년에 대한 문신강요 등에 대한 조치) 제1항, 제30조(사무소 등에 있어서 금지행위에 대한 조치) 또는 제30조의3(손해배상청구 등의 방해에 대한 조치)의 규정에 의한 명령 또는 제15조(대립항쟁 시 사무소의 사용제한) 제1항, 제30조의4(손해배상청구 등의 방해를 방지하기 위한 조치) 및 제30조의5(폭력행위 찬양 등의 규제) 제1항의 규정에 관련된 가명령 이외의 가명령(제7호)

   "당해 명령에 관련된 위반행위가 있었던 장소를 관할하는 공안위원회"

8. 제13조(폭력적 요구행위 또는 준폭력적 요구행위의 상대방에 대한 원조)의 규정에 의한 원조(제8호)

"제11조(폭력적 요구행위 등에 대한 조치) 또는 제12조의6(준폭력적 요구행위에 대한 조치)의 규정에 의한 명령을 한 공안위원회"

9. 제14조(사업자에 대한 원조) 제1항의 규정에 의한 원조 또는 동 조 제2항의 규정에 의한 강습(제9호)

"당해 원조 또는 강습에 관한 사업자의 주된 사무소의 소재지를 관할하는 공안위원회"

10. 제15조(대립항쟁 시 사무소의 사용제한) 제1항의 규정에 의한 명령(동 항의 규정에 관한 가명령을 포함한다) 또는 당해 명령에 관련된 제34조(의견청취) 제1항의 의견청취(제10호)

"당해 명령 또는 의견청취에 관련된 사무소 소재지를 관할하는 공안위원회"

11. 제30조의4(손해배상청구 등의 방해를 방지하기 위한 조치)의 규정에 의한 명령(동 조의 규정에 관한 가명령을 포함한다) 또는 당해 명령에 관한 제34조(의견청취) 제1항의 의견청취(제11호)

"당해 명령 또는 의견청취에 관련된 제30조의2(손해배상청구 등의 방해 금지) 각 호의 청구가 행해진 때에 당해 청구의 상대방인 지정폭력단의 주소지(당해 지정폭력단원의 주소가 명확하지 않은 경우에는 당해 지정폭력단원의 소속 지정폭력단 등의 주된 사무소의 소재지)를 관할하는 공안위원회"

12. 제30조의5(폭력행위 찬양 등의 규제) 제1항의 규정에 의한 명령(동 항의 규정에 관한 가명령을 포함한다) 또는 당해 명령에 관련된 제34조(의견청취) 제1항의 의견청취(제12호)

"당해 명령 또는 의견청취에 관련된 폭력행위가 행해진 때에 당해 폭력행위를 한 지정폭력단원의 주소지(당해 지정폭력단원의 주소가 명확하지 않은 경우에는 당해 지정폭력단원의 소속 지정폭력단 등의 주된 사무소의 소재지)를 관할하는 공안위원회"

13. 제32조의2(도도부현 폭력추방운동추진센터) 제1항의 규정에 의한 지정, 동 조 제5항의 규정에 의한 명령 또는 동 조 제6항의 규정에 의한 취소(제13호)

"동 조 제1항의 규정에 의한 신청을 받거나 또는 지정을 한 공안위원회"

Ⅷ. 경찰청장관에의 권한의 위임(제40조)

"이 법률 또는 이 법률에 기한 명령 규정에 의한 국가공안위원회의 권한에 속하는 사무(제6조(국가공안위원회의 폭력단 지정에 관한 확인) 제1항의 규정에 의한 확인 및 동 조 제2항의 규정에 의한 의견청취, 제8조(지정의 유효기간 및 취소) 제4항의 규정에 의한 확인, 제37조(불복신청 등) 제1항의 규정에 의한 심사청구 및 동 조 제2항의 규정에 의한 의견청취 및 제38조(심사전문위원) 제2항의 규정에 의한 임명에 관련된 것을 제외한다)는 정령에 정한 바에 따라 경찰청장관에 위임할 수 있다."

IX. 방면공안위원회에의 권한의 위임(제41조)

"이 법률 또는 이 법률에 기한 정령의 규정에 의한 도공안위원회의 권한에 속하는 사무는 다음의 사무를 제외하고 정령에 정한 바에 의하여 방면공안위원회에 위임할 수 있다."

1. 제3조(폭력단의 지정) 및 제4조(폭력단연합체의 지정)의 규정에 의한 지정(제1호)

2. 제5조(의견청취) 제1항의 의견청취(제2호)

3. 제6조(국가공안위원회의 폭력단 지정에 관한 확인) 제1항 및 제8조(지정의 유효기간 및 취소) 제4항의 규정에 의한 확인의 청구(제3호)

4. 제6조(국가공안위원회의 폭력단 지정에 관한 확인) 제4항 및 제8조(지정의 유효기간 및 취소) 제5항의 규정에 의한 통지의 수리(제4호)

5. 제7조(지정의 공시) 제1항(제8조(지정의 유효기간 및 취소) 제7항에 있어서 준용하는 경우를 포함한다) 및 제7조(지정의 공시) 제4항의 규정에 의한 공시(제5호)

6. 제7조(지정의 공시) 제3항(제8조(지정의 공시) 제7항에 있어서 준용하는 경우를 포함한다)의 규정에 의한 통지(제6호)

7. 제8조(지정의 공시) 제2항 및 제3항의 규정에 의한 지정의 취소(제7호)

Ⅹ. 공안위원회 사무의 위임(제42조)

1. 경시총감 또는 도도부현경찰본부장에의 위임

"공안위원회는 가명령에 관한 사무, 제12조의4(준폭력적 요구행위의 요구 등에 대한 조치) 제2항의 규정에 의한 지시(긴급의 필요가 있는 경우에 있는 것에 한한다)에 관한 사무 및 제15조(대립항쟁 시 사무소의 사용제한) 제1항의 규정에 관련된 가명령에 관련된 동 조 제3항 및 제4항에 규정한 사무를 경시총감 또는 도도부현경찰본부장에게 행사하게 할 수 있다."(제1항)

2. 방면본부장에의 위임

"방면공안위원회는 전조의 규정에 의한 도공안위원회로부터 위임된 사무 중 전항의 사무를 방면본부장에게 행사하게 할 수 있다."(제2항)

3. 경찰서장에의 위임

"공안위원회는 제11조(폭력적 요구행위 등에 대한 조치) 제1항, 제12조(폭력적 요구행위의 요구 등의 금지의 위반 등의 방지 관련 명령) 제2항, 제12조의6(준폭력적 요구행위에 대한 조치) 제1항, 제18조(가입강요 등에 대한 조치) 제1항, 제22조(단지강요 등에 대한 조치) 제1항, 제26조(소년에 대한 문신강요 등에 대한 조치) 제1항, 제30조(사무소 등에 있어서 금지행위에 대한 조치) 또는 제30조의

3(손해배상청구 등의 방해에 대한 조치)의 규정에 의한 명령을 경
찰서장에게 행사하게 할 수 있다."(제3항)

XI. 행정절차법의 적용제외(제43조)

"제2장부터 제4장까지 및 이 장의 규정에 의한 명령에 관해서는
행정절차법 제3장의 규정은 적용하지 않는다."

XII. 경과조치(제44조)

"이 법률의 규정에 기하여 명령을 제정하거나 또는 개폐하는 경
우에 그 명령으로 그 제정 또는 개폐에 수반하여 합리적으로 필요
하다고 판단되는 범위 내에서 적정한 경과조치(벌칙에 관한 경과조
치를 포함한다)를 정할 수 있다."

XIII 국가공안위원회규칙에의 위임(제45조)

"이 법률에서 정한 것 외에 이 법률의 실시를 위한 절차 기타 이
법률의 시행에 관하여 필요한 사항은 국가공안위원회규칙으로 정
한다."

제8장 벌칙

'벌칙'은 1년 이하의 징역 또는 100만 엔 이하의 벌금(제46조), 1년 이하의 징역 또는 50만 엔 이하의 벌금(제47조), 6월 이하의 징역 또는 50만 엔 이하의 벌금(제48조), 50만 엔 이하의 벌금(제49조), 20만 엔 이하의 벌금(제50조) 등 5개의 조문으로 구성되어 있다.

Ⅰ. 1년 이하의 징역 또는 100만 엔 이하의 벌금(제46조)

"폭력적 요구행위 등에 대한 조치(제11조)의 규정에 따른 명령을 위반한 자는 1년 이하의 징역 또는 100만 엔 이하의 벌금에 처하거나 이것을 병과한다."

Ⅱ. 1년 이하의 징역 또는 50만 엔 이하의 벌금(제47조)

"다음 각 호의 1에 해당하는 자는 1년 이하의 징역 또는 50만 엔 이하의 벌금에 처한다."

1. 폭력적 요구행위의 요구 등의 금지의 위반 등의 방지 관련 명령(제12조)의 규정에 의한 명령을 위반한 자(제1호)
2. 폭력적 요구행위 방지 관련 명령(제12조의2)의 규정에 의한 명령을 위반한 자(제2호)
3. 제12조의4(준폭력적 요구행위의 요구 등에 대한 조치) 제1항

의 규정에 의한 명령을 위반한 자(제3호)

4. 준폭력적 요구행위에 대한 조치(제12조의6)의 규정에 의한 명령을 위반한 자(제4호)

5. 제15조 제1항(동 조 제2항에 있어서 준용하는 경우를 포함한다)의 규정에 의한 명령을 위반한 자(제5호)

6. 가입강요 등에 대한 조치(제18조)의 규정에 의한 명령을 위반한 자(제6호)

7. 가입강요 방지를 위한 필요사항 명령(제19조)의 규정에 의한 명령을 위반한 자(제7호)

8. 단지강요 등에 대한 조치(제22조)의 규정에 의한 명령을 위반한 자(제8호)

9. 단지강요 명령의 금지를 위한 필요사항 명령(제23조)의 규정에 의한 명령을 위반한 자(제9호)

10. 소년에 대한 문신강요 등에 대한 조치(제26조)의 규정에 의한 명령을 위반한 자(제10호)

11. 소년에 대한 문신강요 명령의 의뢰 등의 금지(제27조)의 규정에 의한 명령을 위반한 자(제11호)

12. 사무소 등에 있어서 금지행위에 대한 조치(제30조)의 규정에 의한 명령을 위반한 자(제12호)

13. 손해배상청구 등의 방해에 대한 조치(제30조의3)의 규정에 의한 명령을 위반한 자(제13호)

14. 손해배상청구 등의 방해를 방지하기 위한 조치(제30조의4)의 규정에 의한 명령을 위반한 자(제14호)

15. 폭력행위 찬양 등의 규제(제30조의5) 제1항의 규정에 의한

명령을 위반한 자(제15호)

Ⅲ. 6월 이하의 징역 또는 50만 엔 이하의 벌금(제48조)

"제32조의2(도도부현 폭력추방운동추진센터) 제7항의 규정을 위반한 자는 6월 이하의 징역 또는 50만 엔 이하의 벌금에 처한다."

Ⅳ. 50만 엔 이하의 벌금(제49조)

"제15조(대립항쟁 시 사무소의 사용제한) 제5항의 규정을 위반한 자는 50만 엔 이하의 벌금에 처한다."

Ⅴ. 20만 엔 이하의 벌금(제50조)

"제33조(보고 및 출입) 제1항의 규정을 위반하고 보고를 하지 않거나 또는 자료를 제출하지 않거나 또는 동 항의 보고나 자료의 제출에 관하여 허위의 보고를 하거나 허위의 자료를 제출하거나 또는 동 항의 규정에 의한 출입검사를 거부, 방해, 또는 기피한 자는 20만 엔 이하의 벌금에 처한다."

제3편

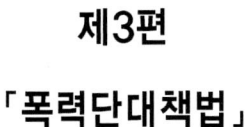

「폭력단대책법」

제1장 暴力團員による不當な行爲の防止等に関する法律

(平成三年五月十五日法律第七十七号)

最終改正: 平成二〇年六月六日法律第五二号

第八章　罰則(第四十六條－第五十條)

附則

第一章　總則

(目的)

第一条

この法律は、暴力団員の行う暴力的要求行爲等について必要な規制を行い、及び暴力団の對立抗爭等による市民生活に對する危險を防止するために必要な措置を講ずるとともに、暴力団員の活動による被害の予防等に資するための民間の公益的団体の活動を促進する措置等を講ずることにより、市民生活の安全と平穩の確保を図り、もって國民の自由と權利を保護することを目的とする.

(定義)

第二条

この法律において、次の各号に掲げる用語の意義は、それぞれ当該各号に定めるところによる.

　一　暴力的不法行爲等

　　別表に掲げる罪のうち國家公安委員會規則で定めるものに当たる違法な行爲をいう.

　二　暴力団

その団体の構成員(その団体の構成団体の構成員を含む)が集団的に又は常習的に暴力的不法行爲等を行うことを助長するおそれがある団体をいう.

三 指定暴力団

次條の規定により指定された暴力団をいう.

四 指定暴力団連合

第四條の規定により指定された暴力団をいう.

五 指定暴力団等

指定暴力団又は指定暴力団連合をいう.

六 暴力団員

暴力団の構成員をいう.

七 暴力的要求行爲

第九條の規定に違反する行爲をいう.

八 準暴力的要求行爲

一の指定暴力団等の暴力団員以外の者が当該指定暴力団等又はその第九條に規定する系列上位指定暴力団等の威力を示して同條各号に掲げる行爲をすることをいう.

(指定)

第三条

都道府縣公安委員會(以下「公安委員會」という)は、暴力団が次の各号のいずれにも該当すると認めるときは、当該暴力団を、その暴力団員が集団的に又は常習的に暴力的不法行爲等を行うことを助長するおそれが大きい暴力団として指定するものとする.

一 名目上の目的のいかんを問わず、当該暴力団の暴力団員が当該暴力団の威力を利用して生計の維持、財産の形成又は事業の遂行のための資金を得ることができるようにするため、当該暴力団の威力をその暴力団員に利用させ、又は当該暴力団の威力をその暴力団員が利用することを容認することを實質上の目的とするものと認められること.

二 國家公安委員會規則で定めるところにより算定した当該暴力団の幹部(主要な暴力団員として國家公安委員會規則で定める要件に該当する者をいう)である暴力団員の人數のうちに占める犯罪経歴保有者(次のいずれかに該当する者をいう.以下この條において同じ)の人數の比率又は当該暴力団の全暴力団員の人數のうちに占める犯罪経歴保有者の人數の比率が、暴力団以外の集団一般におけるその集団の人數のうちに占める犯罪経歴保有者の人數の比率を超えることが確實であるものとして政令で定める集団の人數の區分ごとに政令で定める比率(当該區分ごとに國民の中から任意に抽出したそれぞれの人數の集団において、その集団の人數のうちに占める犯罪経歴保有者の人數の比率が当該政令で定める比率以上となる確率が十万分の一以下となるものに限る)を超えるものであること.

　　イ 暴力的不法行爲等又は第八章(第四十八條を除く.以下この條及び第十二條の五第二項第一号において同じ)に規定する罪に当たる違法な行爲を行い禁錮以上の刑に處せられた者であって、その執行を終わり、又は執行を

受けることがなくなった日から起算して十年を経過しな
いもの

ロ　暴力的不法行爲等又は第八章に規定する罪に当たる違法
な行爲を行い罰金以下の刑に處せられた者であって、そ
の執行を終わり、又は執行を受けることがなくなった日
から起算して五年を経過しないもの

ハ　暴力的不法行爲等又は第八章に規定する罪に当たる違法
な行爲を行い禁錮以上の刑の言渡し及びその刑の執行
猶予の言渡しを受け、当該執行猶予の言渡しを取り消
されることなく当該執行猶予の期間を経過した者であっ
て、当該刑に係る裁判が確定した日から起算して十年
を経過しないもの

ニ　暴力的不法行爲等又は第八章に規定する罪に当たる違法
な行爲を行い罰金の刑の言渡し及びその刑の執行猶予
の言渡しを受け、当該執行猶予の言渡しを取り消され
ることなく当該執行猶予の期間を経過した者であって、
当該刑に係る裁判が確定した日から起算して五年を経
過しないもの

ホ　暴力的不法行爲等又は第八章に規定する罪に当たる違法
な行爲を行い禁錮以上の刑に係る有罪の言渡しを受
け、当該言渡しに係る罪について恩赦法(昭和二十二年
法律第二十号)第二條の大赦又は同法第四條の特赦を受
けた者であって、当該大赦又は特赦のあった日(当該日
において当該言渡しに係る刑の執行を終わり、又は執行

を受けることがなくなっている場合にあっては、当該執
行を終わり、又は執行を受けることがなくなった日)から
起算して十年を経過しないもの

へ 暴力的不法行爲等又は第八章に規定する罪に当たる違法
な行爲を行い罰金以下の刑に係る有罪の言渡しを受
け、当該言渡しに係る罪について恩赦法第二條 の大赦
又は同法第四條 の特赦を受けた者であって、当該大赦
又は特赦のあった日(当該日において当該言渡しに係る
刑の執行を終わり、又は執行を受けることがなくなって
いる場合にあっては、当該執行を終わり、又は執行を受
けることがなくなった日)から起算して五年を経過しない
もの

三 当該暴力団を代表する者又はその運営を支配する地位にある
者(以下「代表者等」という)の統制の下に階層的に構成されて
いる団体であること.

第四条
公安委員會は、暴力団(指定暴力団を除く)が次の各号のいずれ
にも該当すると認めるときは、当該暴力団を指定暴力団の連合体
として指定するものとする.

一 次のいずれかに該当する暴力団であること.

イ 当該暴力団を構成する暴力団の全部又は大部分が指定暴
力団であること.

ロ 当該暴力団の暴力団員の全部又は大部分が指定暴力団の代表

者等であること.

　ハ　当該暴力団を構成する暴力団の全部若しくは大部分が指定暴
　　力団若しくはイ若しくはロのいずれかに該当する暴力団で
　　あり、又は当該暴力団の暴力団員の全部若しくは大部分が
　　指定暴力団若しくはイ若しくはロのいずれかに該当する暴
　　力団の代表者等であること.

二　名目上の目的のいかんを問わず、当該暴力団を構成する暴力
　　団若しくは当該暴力団の暴力団員が代表者等となっている
　　暴力団の相互扶助を図り、又はこれらの暴力団の暴力団員
　　の活動を支援することを實質上の目的とするものと認めら
　　れること.

(意見聽取)

第五条

　公安委員會は、前二條の規定による指定(以下この章において「指
定」という)をしようとするときは、公開による意見聽取を行わなけ
ればならない.ただし、個人の秘密の保護のためやむを得ないと認
めるときは、これを公開しないことができる.

　2　前項の意見聽取を行う場合において、公安委員會は、指定に
　　係る暴力団を代表する者又はこれに代わるべき者に對し、指
　　定をしようとする理由並びに意見聽取の期日及び場所を相當
　　の期間をおいて通知し、かつ、意見聽取の期日及び場所を
　　公示しなければならない.

　3　意見聽取に際しては、当該指定に係る暴力団を代表する者若し

くはこれに代わるべき者又はこれらの代理人は、当該指定について意見を述べ、かつ、有利な証據を提出することができる.

4 公安委員會は、当該指定に係る暴力団を代表する者若しくはこれに代わるべき者若しくはこれらの代理人が正当な理由がなくて出頭しないとき、又は当該指定に係る暴力団を代表する者若しくはこれに代わるべき者の所在が不明であるため第二項の規定による通知をすることができず、かつ、同項の規定による公示をした日から起算して三十日を経過してもこれらの者の所在が判明しないときは、第一項の規定にかかわらず、意見聽取を行わないで指定をすることができる.

5 前各項に定めるもののほか、第一項の意見聽取の實施について必要な事項は、國家公安委員會規則で定める.

(確認)

第六条

公安委員會は、指定をしようとするときは、あらかじめ、当該暴力団が指定の要件に該当すると認める旨を証する書類及び指定に係る前條第一項の意見聽取に係る意見聽取調書又はその寫しを添えて、当該暴力団が第三條又は第四條の要件に該当するかどうかについての國家公安委員會の確認を求めなければならない.

2 國家公安委員會は、当該暴力団が第三條又は第四條の要件に該当する旨の確認をしようとするときは、國家公安委員會規則で定めるところにより、当該暴力団が第三條第一号又は第四條第二号の要件に該当することについて、審査専門委

員の意見を聽かなければならない.

3 國家公安委員會のする当該暴力団が第三條又は第四條の要件
　に該当する旨の確認は、前項の規定による審査専門委員の
　意見に基づいたものでなければならない.

4 國家公安委員會は、第一項の規定による確認をしたときは、
　確認の結果を速やかに当該公安委員會に通知するものとする.

5 当該公安委員會は、前項の規定により、当該暴力団が第三條
　又は第四條の要件に該当しない旨の確認の通知を受けたとき
　は、当該暴力団について指定をすることができない.

(指定の公示)

第七条

　公安委員會は、指定をするときは、指定に係る暴力団の名称そ
の他の國家公安委員會規則で定める事項を官報により公示しなけ
ればならない.

2 指定は、前項の規定による公示によってその効力を生ずる.

3 公安委員會は、指定をしたときは、当該指定に係る指定暴力
　団等を代表する者又はこれに代わるべき者に對し、國家公安
　委員會規則で定めるところにより、指定をした旨その他の國
　家公安委員會規則で定める事項を通知しなければならない.

4 第一項の規定により公示された事項に変更があったときは、公
　安委員會は、その旨を官報により公示しなければならない.

(指定の有効期間及び取消し)

第八条

　　指定は、三年間その効力を有する.

　2　公安委員會は、前項の規定にかかわらず、指定暴力団等が次
　　の各号のいずれかに該当することとなったときは、当該指定
　　暴力団等に係る指定を取り消さなければならない.

　　一　解散その他の事由により消滅したとき.

　　二　第三條各号又は第四條各号のいずれかに該当しなくなった
　　　　と明らかに認められるとき.

　3　公安委員會は、第一項の規定にかかわらず、指定暴力団連合
　　が第三條の規定により指定暴力団として指定されたときは、
　　当該指定暴力団連合に係る第四條の規定による指定を取り
　　消さなければならない.

　4　公安委員會は、指定暴力団等が第二項各号のいずれかに該当
　　することとなったことを理由として同項の規定による指定の
　　取消しをしようとするときは、あらかじめ、当該指定暴力団
　　等が同項第一号又は第二号に掲げる場合に該当すると認め
　　る旨を証する書類を添えて、当該指定暴力団等が同項第一
　　号又は第二号に掲げる場合に該当するかどうかについての國
　　家公安委員會の確認を求めなければならない.

　5　國家公安委員會は、前項の規定による確認をしたときは、確
　　認の結果を速やかに当該公安委員會に通知するものとする.

　6　当該公安委員會は、前項の規定により、当該指定暴力団等が
　　第二項各号に掲げる場合に該当しない旨の確認の通知を受

けたときは、当該指定暴力団等に係る指定を取り消すことができない.

7　前條第一項から第三項までの規定は、第二項又は第三項の規定による指定の取消しについて準用する.この場合において、同條第三項中「代表する者又はこれに代わるべき者」とあるのは、「代表する者又はこれに代わるべき者(次條第二項第一号に該当することとなったときの取消しの場合にあっては、当該消滅した指定暴力団等を代表する者又はこれに代わるべき者であった者)」と讀み替えるものとする.

第二章　暴力的要求行爲の規制等

第一節　暴力的要求行爲の禁止等

(暴力的要求行為の禁止)

第九条

　指定暴力団等の暴力団員(以下「指定暴力団員」という)は、その者の所屬する指定暴力団等又はその系列上位指定暴力団等(当該指定暴力団等と上方連結(指定暴力団等が他の指定暴力団等の構成団体となり、又は指定暴力団等の代表者等が他の指定暴力団等の暴力団員となっている關係をいう)をすることにより順次關連している各指定暴力団等をいう.第十二條の三及び第十二條の五にお

いて同じ)の威力を示して次に掲げる行爲をしてはならない.

一　人に對し、その人に關する事實を宣傳しないこと又はその人
　　に關する公知でない事實を公表しないことの對償として、金
　　品その他の財産上の利益(以下「金品等」という)の供與を要
　　求すること.

二　人に對し、寄附金、贊助金その他名目のいかんを問わず、みだ
　　りに金品等の贈与を要求すること.

三　請負、委任又は委託の契約に係る役務の提供の業務の發注者
　　又は受注者に對し、その者が拒絶しているにもかかわらず、
　　当該業務の全部若しくは一部の受注又は当該業務に關連す
　　る資材その他の物品の納入若しくは役務の提供の受入れを要
　　求すること.

四　縄張(正当な權原がないにもかかわらず自己の權益の對象範囲
　　として設定していると認められる區域をいう.次号及び第十
　　二條の二第三号において同じ)内で營業を營む者に對し、名
　　目のいかんを問わず、その營業を營むことを容認する對償と
　　して金品等の供與を要求すること.

五　縄張内で營業を營む者に對し、その營業所における日常業務
　　に用いる物品を購入すること、その日常業務に關し歌謡
　　ショーその他の興行の入場券、パーティー券その他の証券
　　若しくは証書を購入すること又はその營業所における用心
　　棒の役務(營業を營む者の營業に係る業務を円滑に行うこと
　　ができるようにするため顧客との紛爭の解決又は鎮壓を行
　　う役務をいう)その他の日常業務に關する役務の有償の提供

を受けることを要求すること.

六　金錢を目的とする消費貸借上の債務であって利息制限法(昭和
　　二十九年法律第百号)第一條第一項に定める利息の制限額を
　　超える利息(同法第三條の規定によって利息とみなされる金
　　錢を含む)の支拂を伴い、又はその不履行による賠償額の予
　　定が同法第四條に定める制限額を超えるものについて、債務
　　者に對し、その履行を要求すること.

六の二　　人(行爲者と密接な關係を有する者として國家公安委員
　　會規則で定める者を除く)から依頼を受け、報酬を得て又は
　　報酬を得る約束をして、金品等を目的とする債務について、
　　債務者に對し、粗野若しくは亂暴な言動を交えて、又は迷
　　惑を覺えさせるような方法で訪問し若しくは電話をかけて、
　　その履行を要求すること(前号に該当するものを除く).

七　人に對し、債務の全部又は一部の免除又は履行の猶予をみだ
　　りに要求すること.

八　金錢貸付業務(金錢の貸付け又は金錢の貸借の媒介(手形の割引、
　　賣渡担保その他これらに類する方法によってする金錢の交付又
　　はこれらの方法によってする金錢の授受の媒介を含む.以下この
　　号において單に「金錢の貸付け」という)をいう)を營む者(以下「
　　金錢貸付業者」という)以外の者に對してみだりに金錢の貸付け
　　を要求し、金錢貸付業者に對してその者が拒絶しているにもか
　　かわらず金錢の貸付けを要求し、又は金錢貸付業者に對して当
　　該金錢貸付業者が貸付けの利率その他の金錢の貸付けの條件と
　　して示している事項に反して著しく有利な條件による金錢の貸

付けを要求すること.

九　金融商品取引業者(金融商品取引法(昭和二十三年法律第二十五号)第二條第九項に規定する金融商品取引業者をいう.以下この号において同じ)に對してその者が拒絶しているにもかかわらず有価証券の信用取引(同法第百五十六條の二十四第一項に規定する信用取引をいう.以下この号において同じ)を行うことを要求し、又は金融商品取引業者に對して顧客が預託すべき金錢の額その他の有価証券の信用取引を行う條件として当該金融商品取引業者が示している事項に反して著しく有利な條件により有価証券の信用取引を行うことを要求すること.

十　株式會社又は当該株式會社の子會社(會社法(平成十七年法律第八十六号)第二條第三号の子會社をいう)に對してみだりに当該株式會社の株式の買取り若しくはそのあっせん(以下この号において「買取り等」という)を要求し、株式會社の取締役、執行役若しくは監査役若しくは株主(以下この号において「取締役等」という)に對してその者が拒絶しているにもかかわらず当該株式會社の株式の買取り等を要求し、又は株式會社の取締役等に對して買取りの価格その他の買取り等の條件として当該取締役等が示している事項に反して著しく有利な條件による当該株式會社の株式の買取り等を要求すること.

十一　正当な權原に基づいて建物又はその敷地を居住の用又は事業の用に供している者に對し、その意思に反して、これらの明渡しを要求すること.

十二　土地又は建物(以下この号において「土地等」という)につい

て、その全部又は一部を占據すること、当該土地等又はその周辺に自己の氏名を表示することその他の方法により、当該土地等の所有又は占有に關与していることを殊更に示すこと(以下この号において「支配の誇示」という)を行い、当該土地等の所有者に對する債權を有する者又は当該土地等の所有權その他当該土地等につき使用若しくは收益をする權利若しくは当該土地等に係る担保權を有し、若しくはこれらの權利を取得しようとする者に對し、その者が拒絶しているにもかかわらず、当該土地等についての支配の誇示をやめることの對償として、明渡し料その他これに類する名目で金品等の供与を要求すること.

十三　人(行爲者と密接な關係を有する者として國家公安委員會規則で定める者を除く)から依賴を受け、報酬を得て又は報酬を得る約束をして、交通事故その他の事故の原因者に對し、当該事故によって生じた損害に係る示談の交渉を行い、損害賠償として金品等の供与を要求すること.

十四　人に對し、購入した商品、購入した有価証券に表示される權利若しくは提供を受けた役務に瑕疵がないにもかかわらず瑕疵があるとし、若しくは交通事故その他の事故による損害がないにもかかわらず損害があるとして、若しくはこれらの瑕疵若しくは損害の程度を誇張して、損害賠償その他これに類する名目で金品等の供与を要求し、又は勧誘を受けてした商品若しくは有価証券に係る賣買その他の取引において、その価格若しくは商品指數(商品取引所法(昭和二十五年法律第

二百三十九号)第二條第五項　の商品指數をいう)若しくは金融商品取引法第二條第二十五項に規定する金融指標(同項第一号に規定する金融商品の價格を除く)の上昇若しくは下落により損失を被ったとして、損害賠償その他これに類する名目でみだりに金品等の供與を要求すること.

十五　行政廳に對し、自己若しくは次に掲げる者(以下この條において「自己の關係者」という)がした許認可等(行政手續法(平成五年法律第八十八号)第二條第三号に規定する許認可等をいう.以下この号及び次号において同じ)に係る申請(同條第三号に規定する申請をいう.次号において同じ)が法令(同條第一号に規定する法令をいう.以下この号及び次号において同じ)に定められた許認可等の要件に該當しないにもかかわらず、當該許認可等をすることを要求し、又は自己若しくは自己の關係者について法令に定められた不利益處分(行政廳が、法令に基づき、特定の者を名あて人として、直接に、これに義務を課し、又はその權利を制限する處分をいう.以下この号及び次号において同じ)の要件に該當する事由があるにもかかわらず、當該不利益處分をしないことを要求すること.

　　イ　自己と生計を一にする配偶者その他の親族(婚姻の届出をしていないが事實上婚姻關係と同樣の事情にある者及び當該事情にある者の親族を含む)

　　ロ　法人その他の団体であって、自己がその役員(業務を執行する社員、取締役、執行役又はこれらに準ずる者をいい、相談役、顧問その他いかなる名称を有する者である

かを問わず、当該団体に對し業務を執行する社員、取締
役、執行役又はこれらに準ずる者と同等以上の支配力を
有するものと認められる者を含む)となっているもの

　ハ　自己が出資、融資、取引その他の關係を通じてその事業
活動に支配的な影響力を有する者(ロに該当するものを除く)

十六　行政廳に對し、特定の者がした許認可等に係る申請が法令
に定められた許認可等の要件に該当するにもかかわらず、当
該許認可等をしないことを要求し、又は特定の者について法
令に定められた不利益處分の要件に該当する事由がないにも
かかわらず、当該不利益處分をすることを要求すること.

十七　國、特殊法人等(公共工事の入札及び契約の適正化の促進
に關する法律(平成十二年法律第百二十七号)第二條第一項に
規定する特殊法人等をいう)又は地方公共団体(以下この條に
おいて「國等」という)に對し、当該國等が行う公共工事(同法
第二條第二項に規定する公共工事をいう.以下この條におい
て同じ)の入札について、自己若しくは自己の關係者が入札
參加資格(入札の参加者の資格をいう.以下この号及び次号に
おいて同じ)を有する者でなく、又は自己若しくは自己の關係
者が指名基準(入札参加資格を有する者のうちから入札に参
加する者を指名する場合の基準をいう.同号において同じ)に
適合する者でないにもかかわらず、当該自己又は自己の關係
者を当該入札に参加させることを要求すること.

十八　國等に對し、当該國等が行う公共工事の入札について、特
定の者が入札參加資格を有する者(指名基準に適合しない者

を除く)であり、又は特定の者が指名基準に適合する者であるにもかかわらず、当該特定の者を当該入札に参加させないことを要求すること.

十九　國等に對し、特定の者を当該國等が行う公共工事の契約の相手方としないことをみだりに要求すること(前号に該当するものを除く).

二十　國等に對し、当該國等が行う公共工事の契約の相手方に對して自己又は自己の關係者から当該契約に係る役務の提供の業務の全部若しくは一部の受注又は当該業務に關連する資材その他の物品の納入若しくは役務の提供の受入れをすることを求める指導、助言その他の行爲をすることをみだりに要求すること.

(暴力的要求行為の要求等の禁止)
第十条

何人も、指定暴力団員に對し、暴力的要求行爲をすることを要求し、依頼し、又は唆してはならない.

2　何人も、指定暴力団員が暴力的要求行爲をしている現場に立ち會い、当該暴力的要求行爲をすることを助けてはならない.

(暴力的要求行為等に対する措置)
第十一条

公安委員會は、指定暴力団員が暴力的要求行爲をしており、その相手方の生活の平穏又は業務の遂行の平穏が害されていると認

める場合には、当該指定暴力団員に對し、当該暴力的要求行爲を中止することを命じ、又は当該暴力的要求行爲が中止されることを確保するために必要な事項を命ずることができる．

  2　公安委員會は、指定暴力団員が暴力的要求行爲をした場合において、当該指定暴力団員が更に反復して当該暴力的要求行爲と類似の暴力的要求行爲をするおそれがあると認めるときは、当該指定暴力団員に對し、一年を超えない範囲内で期間を定めて、暴力的要求行爲が行われることを防止するために必要な事項を命ずることができる．

第十二条

公安委員會は、第十條第一項の規定に違反する行爲が行われた場合において、当該行爲をした者が更に反復して同項の規定に違反する行爲をするおそれがあると認めるときは、当該行爲をした者に對し、一年を超えない範囲内で期間を定めて、当該行爲に係る指定暴力団員又は当該指定暴力団員の所屬する指定暴力団等の他の指定暴力団員に對して暴力的要求行爲をすることを要求し、依頼し、又は唆すことを防止するために必要な事項を命ずることができる．

  2　公安委員會は、第十條第二項の規定に違反する行爲が行われており、当該違反する行爲に係る暴力的要求行爲の相手方の生活の平穏又は業務の遂行の平穏が害されていると認める場合には、当該違反する行爲をしている者に對し、当該違反する行爲を中止することを命じ、又は当該違反する行爲が

中止されることを確保するために必要な事項を命ずることができる.

第十二条の二

　公安委員會は、指定暴力団員がその所屬する指定暴力団等に係る次の各号に掲げる業務に關し暴力的要求行爲をした場合において、当該業務に從事する指定暴力団員が当該業務に關し更に反復して当該暴力的要求行爲と類似の暴力的要求行爲をするおそれがあると認めるときは、それぞれ当該各号に定める指定暴力団員に對し、一年を超えない範囲内で期間を定めて、暴力的要求行爲が当該業務に關し行われることを防止するために必要な事項を命ずることができる.

一　指定暴力団等の業務であって、収益を目的とするもの
　　当該指定暴力団等の代表者等

二　前号に掲げるもののほか、指定暴力団員がその代表者であり、又はその運營を支配する法人その他の団体の業務であって、収益を目的とするもの
　　当該法人その他の団体の代表者であり、又はその運營を支配する指定暴力団員

三　当該指定暴力団員の上位指定暴力団員(指定暴力団員がその所屬する指定暴力団等の活動に係る事項について他の指定暴力団員から指示又は命令を受ける地位にある場合における当該他の指定暴力団員をいう.以下この條において同じ)の縄張の設定又は維持の業務

当該上位指定暴力団員

四　前号に掲げるもののほか、当該指定暴力団員の上位指定暴力
　　団員の業務であって、收益を目的とするもの

当該上位指定暴力団員

(準暴力的要求行為の要求等の禁止)

第十二条の三

　指定暴力団員は、人に對し、当該指定暴力団員が所屬する指定
暴力団等又はその系列上位指定暴力団等に係る準暴力的要求行為
をすることを要求し、依賴し、又は唆してはならない.

(準暴力的要求行為の要求等に対する措置)

第十二条の四

　公安委員會は、指定暴力団員が前條の規定に違反する行為をし
た場合において、当該指定暴力団員が更に反復して同條の規定に
違反する行為をするおそれがあると認めるときは、当該指定暴力
団員に對し、一年を超えない範囲內で期間を定めて、同條の規定
に違反する行為が行われることを防止するために必要な事項を命
ずることができる.

　2　公安委員會は、前項の規定による命令をする場合において、
　　前條の要求、依賴又は唆しに係る準暴力的要求行為が行わ
　　れるおそれがあると認めるときは、当該命令に係る同條の規
　　定に違反する行為の相手方に對し、当該準暴力的要求行為
　　をしてはならない旨の指示をするものとする.

(準暴力的要求行為の禁止)

第十二条の五

　次の各号のいずれかに該当する者は、当該各号に定める指定暴力団等又はその系列上位指定暴力団等に係る準暴力的要求行為をしてはならない.

　　一　第十二條第一項の規定による命令を受けた者であって、当該命令を受けた日から起算して三年を経過しないもの
　　　　当該命令において防止しようとした暴力的要求行爲の要求、依頼又は唆しの相手方である指定暴力団員の所屬する指定暴力団等

　　二　第十二條第二項の規定による命令を受けた者であって、当該命令を受けた日から起算して三年を経過しないもの
　　　　当該命令に係る暴力的要求行爲をした指定暴力団員の所屬する指定暴力団等

　　三　次條の規定による命令を受けた者であって、当該命令を受けた日から起算して三年を経過しないもの
　　　　当該命令の原因となった準暴力的要求行爲においてその者が威力を示した指定暴力団等

　　四　前條第二項の規定による指示を受けた者であって、当該指示がされた日から起算して三年を経過しないもの
　　　　当該指示に係る第十二條の三の規定に違反する行爲をした指定暴力団員の所屬する指定暴力団等

　　五　指定暴力団員との間で、その所屬する指定暴力団等の威力を示すことが容認されることの對償として金品等を支拂うこと

134

を合意している者

当該指定暴力団等

2 一の指定暴力団等の威力を示すことを常習とする者で次の各号のいずれかに該当するものは、当該指定暴力団等又はその系列上位指定暴力団等に係る準暴力的要求行爲をしてはならない.

一 当該指定暴力団等の指定暴力団員が行った暴力的不法行爲等若しくは第八章に規定する罪に当たる違法な行爲に共犯として加功し、又は暴力的不法行爲等に係る罪のうち讓渡し若しくは讓受け若しくはこれらに類する形態の罪として國家公安委員會規則で定めるものに当たる違法な行爲で当該指定暴力団等の指定暴力団員を相手方とするものを行い刑に處せられた者であって、その執行を終わり、又は執行を受けることがなくなった日から起算して五年を経過しないもの

二 当該指定暴力団等の指定暴力団員がその代表者であり若しくはその運營を支配する法人その他の団体の役員若しくは使用人その他の従業者若しくは幹部その他の構成員又は当該指定暴力団等の指定暴力団員の使用人その他の従業者

(準暴力的要求行為に対する措置)

第十二条の六

公安委員會は、前條の規定に違反する準暴力的要求行爲が行われており、その相手方の生活の平穏又は業務の遂行の平穏が害さ

れていると認める場合には、当該準暴力的要求行爲をしている者に對し、当該準暴力的要求行爲を中止することを命じ、又は当該準暴力的要求行爲が中止されることを確保するために必要な事項を命ずることができる.

2 公安委員會は、前條の規定に違反する準暴力的要求行爲が行われた場合において、当該準暴力的要求行爲をした者が更に反復して当該準暴力的要求行爲と類似の準暴力的要求行爲をするおそれがあると認めるときは、その者に對し、一年を超えない範囲內で期間を定めて、準暴力的要求行爲が行われることを防止するために必要な事項を命ずることができる.

第二節　不当な要求による被害の回復等のための援助

(暴力的要求行為又は準暴力的要求行為の相手方に対する援助)
第十三条

公安委員會は、第十一條又は前條の規定による命令をした場合(当該命令に係る暴力的要求行爲又は準暴力的要求行爲をした者が当該暴力的要求行爲又は準暴力的要求行爲により次の各号に掲げる場合のいずれかに該当することとなったと認められる場合に限る)において、当該命令に係る暴力的要求行爲又は準暴力的要求行爲の相手方から、その者が当該暴力的要求行爲又は準暴力的要求行爲をした者に對しそれぞれ当該各号に定める措置を執ることを求めるに当たって援助を受けたい旨の申出があり、その申出を相

当と認めるときは、当該相手方に對し、当該暴力的要求行爲又は準暴力的要求行爲をした者に對する連絡その他必要な援助を行うものとする.

一　金品等の供与を受けた場合

　　供与を受けた金品等を返還し、又は当該金品等の価額に相当する価額の金品等を供与すること.

二　債務の全部又は一部の免除又は履行の猶予を受けた場合

　　免除又は履行の猶予を受ける前の当該債務を履行すること.

三　正当な權原に基づいて建物又はその敷地を居住の用又は事業の用に供していた者に当該建物又はその敷地の明渡しをさせた場合

　　当該建物又はその敷地を引き渡すことその他当該暴力的要求行爲又は準暴力的要求行爲が行われる前の原狀の回復をすること.

(事業者に対する援助)

第十四条

　公安委員會は、事業者(事業を行う者で、使用人その他の從業者(以下この項において「使用人等」という)を使用するものをいう.以下同じ)に對し、不当要求(暴力団員によりその事業に關し行われる暴力的要求行爲その他の不当な要求をいう.以下この項及び第三十二條の二第二項第七号において同じ)による被害を防止するために必要な、責任者(当該事業に係る業務の實施を統括管理する者であって、不当要求による事業者及び使用人等の被害を防止するた

めに必要な業務を行う者をいう)の選任、不当要求に応對する使用
人等の對応方法についての指導その他の措置が有効に行われるよ
うにするため、資料の提供、助言その他必要な援助を行うものと
する.

2　公安委員會は、前項の選任に係る責任者の業務を適正に實施
させるため必要があると認めるときは、國家公安委員會規則
で定めるところにより、当該責任者に對する講習を行うこと
ができる.

3　事業者は、公安委員會から第一項の選任に係る責任者につい
て前項の講習を行う旨の通知を受けたときは、当該責任者
に講習を受けさせるよう努めなければならない.

第三章　対立抗争時の事務所の使用制限

第十五条

指定暴力団等の相互間に對立が生じ、当該對立に係る指定暴力
団等の指定暴力団員により敢行され又は当該對立に係る指定暴力
団等の事務所(暴力団の活動の據点となっている施設又は施設の區
畵された部分をいう.以下同じ)若しくは指定暴力団員若しくはその
居宅に對して敢行される一連の凶器を使用しての暴力行爲(以下こ
の項において「對立抗爭」という)が發生した場合において、当該對
立に係る指定暴力団等の事務所が、当該對立抗爭に關し、当該對

立抗争に係る指定暴力団等の指定暴力団員により次の各号に掲げる用に供されており、又は供されるおそれがあり、これにより付近の住民の生活の平穏が害されており、又は害されるおそれがあると認めるときは、公安委員會は、当該事務所を現に管理している指定暴力団員(以下「管理者」という)に對し、三月以内の期間を定めて、当該事務所を当該各号の用に供すること又は当該指定暴力団等の活動の用に供することを禁止することを命ずることができる.この場合において、その命令の有効期間が経過した後において更に命令の必要があると認めるときは、一回に限り、三月以内の期間を定めてその命令の期限を延長することができる.

一　多數の指定暴力団員の集合の用

二　当該對立抗争のための謀議、指揮命令又は連絡の用

三　当該對立抗争に供用されるおそれがあると認められる凶器その他の物件の製造又は保管の用

2　前項の規定は、一の指定暴力団等に所屬する指定暴力団員の集団の相互間に對立が生じ、当該對立に係る集団に所屬する指定暴力団員により敢行され又は当該對立に係る指定暴力団等の事務所(その管理者が当該對立に係る集団に所屬しているものに限る)若しくは当該對立に係る集団に所屬する指定暴力団員若しくはその居宅に對して敢行される一連の凶器を使用しての暴力行爲が發生した場合について準用する.この場合において、同項中「事務所が」とあるのは「事務所(その管理者が当該對立に係る集団に所屬しているものに限る)が」と、「指定暴力団等の指定暴力団員により次の」とあるのは「

集団に所屬する指定暴力団員により次の」と、「当該指定暴力団等の活動」とあるのは「当該集団の活動」と、同項第一号中「多數」とあるのは「当該集団に所屬する多數」と讀み替えるものとする.

3　公安委員會は、第一項(前項において準用する場合を含む.以下この條において同じ)の規定による命令をしたときは、当該事務所の出入口の見やすい場所に、当該管理者が当該事務所について同項の命令を受けている旨を告知する國家公安委員會規則で定める標章をはり付けるものとする.

4　公安委員會は、前項の規定により標章をはり付けた場合において、第一項の規定に基づき定められた期限が経過したとき、又は当該期限内において当該標章をはり付けた事務所が同項各号の用に供されるおそれがなくなったと認めるときは、当該標章を取り除かなければならない.

5　何人も、第三項の規定によりはり付けられた標章を損壊し、又は汚損してはならず、また、当該標章をはり付けた事務所に係る第一項の規定に基づき定められた期限が経過した後でなければ、これを取り除いてはならない.

第四章　加入の強要の規制その他の規制等

第一節　加入の強要の規制等

（加入の強要等の禁止）

第十六条

　指定暴力団員は、少年(二十歳未満の者をいう.以下同じ)に對し指定暴力団等に加入することを強要し、若しくは勸誘し、又は少年が指定暴力団等から脫退することを妨害してはならない.

　2　前項に規定するもののほか、指定暴力団員は、人を威迫して、その者を指定暴力団等に加入することを強要し、若しくは勸誘し、又はその者が指定暴力団等から脫退することを妨害してはならない.

　3　指定暴力団員は、人を威迫して、その者の親族又はその者が雇用する者その他のその者と密接な關係を有する者として國家公安委員會規則で定める者(以下この項並びに第十八條第一項及び第二項において「密接關係者」という)に係る組拔け料等(密接關係者の暴力団からの脫退が容認されること又は密接關係者に對する暴力団への加入の強要若しくは勸誘をやめることの代償として支拂われる金品等をいう)を支拂うこと又は密接關係者の住所若しくは居所の教示その他密接關係者に係る情報の提供をすることを強要し、又は勸誘することその他密接關係者を指定暴力団等に加入させ、又は密接關

係者が指定暴力団等から脱退することを妨害するための行爲
として國家公安委員會規則で定めるものをしてはならない.

(加入の強要の命令等の禁止)
第十七条

　指定暴力団員は、その配下指定暴力団員(指定暴力団員がその
所屬する指定暴力団等の活動に係る事項について他の指定暴力団
員に指示又は命令をすることができる場合における当該他の指定
暴力団員をいう.以下同じ)に對して前條の規定に違反する行爲をす
ることを命じ、又はその配下指定暴力団員が同條の規定に違反す
る行爲をすることを助長する行爲をしてはならない.

　2　前項に規定するもののほか、指定暴力団員は、他の指定暴力
　　団員に對して前條の規定に違反する行爲をすることを依頼
　　し、若しくは唆し、又は他の指定暴力団員が同條の規定に
　　違反する行爲をすることを助けてはならない.

(加入の強要等に対する措置)
第十八条

　公安委員會は、指定暴力団員が第十六條の規定に違反する行爲
をしており、その相手方が困惑していると認める場合には、当該
指定暴力団員に對し、当該行爲を中止することを命じ、又は当該
行爲が中止されることを確保するために必要な事項(当該行爲が同
條第三項の規定に違反する行爲であるときは、当該行爲に係る密
接關係者が指定暴力団等に加入させられ、又は指定暴力団等から

脱退することを妨害されることを防止するために必要な事項を含む)を命ずることができる.

 2 公安委員會は、指定暴力団員が第十六條の規定に違反する行爲をした場合において、当該指定暴力団員が更に反復して同條の規定に違反する行爲をするおそれがあると認めるときは、当該指定暴力団員に對し、一年を超えない範囲内で期間を定めて、同條第一項若しくは第二項の規定に違反する行爲の相手方若しくは同條第三項の規定に違反する行爲に係る密接關係者を指定暴力団等に加入することを強要し、若しくは勸誘し、又はこれらの者が当該指定暴力団等から脱退することを妨害することを防止するために必要な事項を命ずることができる.

 3 公安委員會は、指定暴力団員が第十六條第一項の規定に違反する行爲をし、かつ、当該行爲に係る少年が当該指定暴力団等に加入し、又は当該指定暴力団等から脱退しなかった場合において、加入し、若しくは脱退しなかったことが当該少年の意思に反していると認められ、又は当該少年の保護者が当該少年の脱退を求めているときは、当該指定暴力団員に對し、当該少年を当該指定暴力団等から脱退させるために必要な事項を命ずることができる.

第十九条
　公安委員會は、指定暴力団員が第十七條の規定に違反する行爲をした場合において、当該指定暴力団員が更に反復して同條の規

定に違反する行爲をするおそれがあると認めるときは、当該指定暴力団員に對し、一年を超えない範囲内で期間を定めて、その配下指定暴力団員に對して第十六條の規定に違反する行爲をすることを命ずること若しくはその配下指定暴力団員が同條の規定に違反する行爲をすることを助長する行爲をすることを防止するために必要な事項又は他の指定暴力団員に對して同條の規定に違反する行爲をすることを依頼し、若しくは唆すこと若しくは他の指定暴力団員が同條の規定に違反する行爲をすることを助けることを防止するために必要な事項を命ずることができる.

(指詰めの強要等の禁止)

第二十条

指定暴力団員は、他の指定暴力団員に對して指詰め(暴力団員が、その所屬する暴力団の統制に反する行爲をしたことに對する謝罪又はその所屬する暴力団からの脱退が容認されることの代償としてその他これらに類する趣旨で、その手指の全部又は一部を自ら切り落とすことをいう.以下この條及び第二十二條第二項において同じ)をすることを強要し、若しくは勧誘し、又は指詰めに使用する器具の提供その他の行爲により他の指定暴力団員が指詰めをすることを補助してはならない.

(指詰めの強要の命令等の禁止)

第二十一条

指定暴力団員は、その配下指定暴力団員に對して前條の規定に

違反する行爲をすることを命じ、又はその配下指定暴力団員が同條の規定に違反する行爲をすることを助長する行爲をしてはならない.

2　前項に規定するもののほか、指定暴力団員は、他の指定暴力団員に對して前條の規定に違反する行爲をすることを依賴し、若しくは唆し、又は他の指定暴力団員が同條の規定に違反する行爲をすることを助けてはならない.

(指詰めの強要等に対する措置)

第二十二条

　公安委員會は、指定暴力団員が第二十條の規定に違反する行爲をしている場合には、当該指定暴力団員に對し、当該行爲を中止することを命じ、又は当該行爲が中止されることを確保するために必要な事項を命ずることができる.

2　公安委員會は、指定暴力団員が第二十條の規定に違反する行爲をした場合において、当該指定暴力団員が更に反復して同條の規定に違反する行爲をするおそれがあると認めるときは、当該指定暴力団員に對し、一年を超えない範囲内で期間を定めて、他の指定暴力団員に對して指詰めをすることを強要し、若しくは勧誘すること又は指詰めに使用する器具の提供その他の行爲により他の指定暴力団員が指詰めをすることを補助することを防止するために必要な事項を命ずることができる.

第二十三条

　公安委員會は、指定暴力団員が第二十一條の規定に違反する行爲をした場合において、当該指定暴力団員が更に反復して同條の規定に違反する行爲をするおそれがあると認めるときは、当該指定暴力団員に對し、一年を超えない範囲内で期間を定めて、その配下指定暴力団員に對して第二十條の規定に違反する行爲をすることを命ずること若しくはその配下指定暴力団員が同條の規定に違反する行爲をすることを助長する行爲をすることを防止するために必要な事項又は他の指定暴力団員に對して同條の規定に違反する行爲をすることを依頼し、若しくは唆すこと若しくは他の指定暴力団員が同條の規定に違反する行爲をすることを助けることを防止するために必要な事項を命ずることができる.

(少年に対する入れ墨の強要等の禁止)
第二十四条

　指定暴力団員は、少年に對して入れ墨を施し、少年に對して入れ墨を受けることを強要し、若しくは勧誘し、又は資金の提供、施術のあっせんその他の行爲により少年が入れ墨を受けることを補助してはならない.

(少年に対する入れ墨の強要の要求等の禁止)
第二十五条

　指定暴力団員は、他の指定暴力団員に對して前條の規定に違反

する行爲をすることを要求し、依頼し、若しくは唆し、又は他の
指定暴力団員が同條の規定に違反する行爲をすることを助けては
ならない.

(少年に対する入れ墨の強要等に対する措置)
第二十六条
　公安委員會は、指定暴力団員が第二十四條の規定に違反する行
爲をしており、かつ、当該行爲に係る少年が困惑していると認
め、又は当該行爲が当該少年の保護者の意思に反していると認め
る場合には、当該指定暴力団員に對し、当該行爲を中止すること
を命じ、又は当該行爲が中止されることを確保するために必要な
事項を命ずることができる.

　2　公安委員會は、指定暴力団員が第二十四條の規定に違反する
　　行爲をした場合において、当該指定暴力団員が更に反復し
　　て同條の規定に違反する行爲をするおそれがあると認めると
　　きは、当該指定暴力団員に對し、一年を超えない範囲内で
　　期間を定めて、少年に對して入れ墨を施すこと、少年に對
　　して入れ墨を受けることを強要し、若しくは勸誘すること又
　　は資金の提供、施術のあっせんその他の行爲により少年が入
　　れ墨を受けることを補助することを防止するために必要な事
　　項を命ずることができる.

第二十七条
　公安委員會は、指定暴力団員が第二十五條の規定に違反する行

爲をした場合において、当該指定暴力団員が更に反復して同條の
規定に違反する行爲をするおそれがあると認めるときは、当該指
定暴力団員に對し、一年を超えない範囲内で期間を定めて、他の
指定暴力団員に對して第二十四條の規定に違反する行爲をするこ
とを要求し、依頼し、若しくは唆すこと又は他の指定暴力団員が
同條の規定に違反する行爲をすることを助けることを防止するた
めに必要な事項を命ずることができる.

(離脱の意志を有する者に対する援護等)
第二十八条

　公安委員會は、暴力団から離脱する意志を有する者(以下この條
において「離脱希望者」という)その他關係者を對象として、離脱希
望者を就業環境に円滑に適応させることの促進、離脱希望者が暴力
団から脱退することを妨害する行爲の予防及び離脱希望者に對する
補導その他の援護その他離脱希望者の暴力団からの離脱と社會経
濟活動への参加を確保するために必要な措置を講ずるものとする.

　　2　公安委員會は、暴力団から離脱した者が就職等を通じて社會
　　　経濟活動に参加することの重要性について住民及び事業者
　　　の關心を高め、並びに暴力団から離脱した者に對する援護
　　　に關する思想を普及するための啓發を廣く行うものとする.

　　3　公安委員會は、第一項の措置を實施するため必要な限度にお
　　　いて、離脱希望者の状況について、第三十二條の二第一項
　　　の規定により指定した都道府縣暴力追放運動推進センター
　　　から報告を求めることができる.

第二節　事務所等における禁止行為等

(事務所等における禁止行為)

第二十九条

　指定暴力団員は、次に掲げる行爲をしてはならない.

　一　指定暴力団等の事務所(以下この條及び第三十三條第一項に
　　　おいて單に「事務所」という)の外周に、又は外部から見通す
　　　ことができる狀態にしてその内部に、付近の住民又は通行
　　　人に不安を覺えさせるおそれがある表示又は物品として國家
　　　公安委員會規則で定めるものを揭示し、又は設置すること.

　二　事務所又はその周辺において、著しく粗野若しくは亂暴な言
　　　動を行い、又は威勢を示すことにより、付近の住民又は通
　　　行人に不安を覺えさせること.

　三　人に對し、債務の履行その他の國家公安委員會規則で定める
　　　用務を行う場所として、事務所を用いることを強要すること.

(事務所等における禁止行為に対する措置)

第三十条

　公安委員會は、指定暴力団員が前條の規定に違反する行爲をし
ており、付近の住民若しくは通行人又は当該行爲の相手方の生活
の平穩又は業務の遂行の平穩が害されていると認める場合には、
当該指定暴力団員に對し、当該行爲を中止することを命じ、又は
当該行爲が中止されることを確保するために必要な事項を命ずる

ことができる.

第三節　損害賠償請求等の妨害の規制

(損害賠償請求等の妨害の禁止)

第三十条の二

　指定暴力団員は、次に掲げる請求を、当該請求をし、又はしようとする者(以下この條において「請求者」という)を威迫し、請求者又はその配偶者、直系若しくは同居の親族その他の請求者と社會生活において密接な關係を有する者として國家公安委員會規則で定める者(第三十條の四並びに第三十條の五第一項第三号及び第四号において「配偶者等」という)につきまとい、その他請求者に不安を覺えさせるような方法で、妨害してはならない.

　　一　当該指定暴力団員その他の当該指定暴力団員の所屬する指定暴力団等の指定暴力団員がした不法行爲により被害を受けた者が当該不法行爲をした指定暴力団員その他の当該被害の回復について責任を負うべき当該指定暴力団等の指定暴力団員に對してする損害賠償請求その他の当該被害を回復するための請求

　　二　当該指定暴力団員の所屬する指定暴力団等の事務所(事務所とするために整備中の施設又は施設の區畫された部分を含む.以下この号において同じ)の付近の住民その他の者で当該事務所若しくはその周辺における当該指定暴力団等の指定

暴力団員の行爲によりその生活の平穏若しくは業務の遂行の平穏が害されているもの又は当該事務所の用に供されている建物若しくは土地(以下この号において「建物等」という)の所有權その他当該建物等につき使用若しくは收益をする權利若しくは当該建物等に係る担保權を有する者で当該指定暴力団等の指定暴力団員の行爲により当該權利を害されているものが当該事務所に係る管理者に對してする当該行爲の停止又は当該事務所の使用の差止めの請求その他当該事務所を当該指定暴力団等の指定暴力団員に使用させないこととするための請求

(損害賠償請求等の妨害に対する措置)

第三十条の三

公安委員會は、指定暴力団員が前條の規定に違反する行爲をしている場合には、当該指定暴力団員に對し、当該行爲を中止することを命じ、又は当該行爲が中止されることを確保するために必要な事項を命ずることができる.

(損害賠償請求等の妨害を防止するための措置)

第三十条の四

公安委員會は、第三十條の二各号に掲げる請求が行われた場合において、当該請求の相手方である指定暴力団員が当該請求に係る請求者又はその配偶者等の生命、身体又は財産に危害を加える方法で同條の規定に違反する行爲をするおそれがあると認めるとき

は、当該指定暴力団員に對し、一年を超えない範囲內で期間を定めて、同條の規定に違反する行爲を防止するために必要な事項を命ずることができる.

第四節　暴力行為の賞揚等の規制

第三十条の五

　公安委員會は、指定暴力団員が次の各号のいずれかに該当する暴力行爲を敢行し、刑に處せられた場合において、当該指定暴力団員の所屬する指定暴力団等の他の指定暴力団員が、当該暴力行爲の敢行を賞揚し、又は慰勞する目的で、当該指定暴力団員に對し金品等の供与をするおそれがあると認めるときは、当該他の指定暴力団員又は当該指定暴力団員に對し、期間を定めて、当該金品等の供与をしてはならず、又はこれを受けてはならない旨を命ずることができる.ただし、当該命令の期間の終期は、当該刑の執行を終わり、又は執行を受けることがなくなった日から五年を経過する日を超えてはならない.

　　一　当該指定暴力団等と他の指定暴力団等との間に對立が生じ、これにより当該他の指定暴力団等の事務所又は指定暴力団員若しくはその居宅に對する凶器を使用しての暴力行爲が發生した場合における当該暴力行爲

　　二　当該指定暴力団等に所屬する指定暴力団員の集団の相互間に對立が生じ、これにより当該對立に係る指定暴力団等の事務

所(その管理者が当該對立に係る集団に所屬しているものに限る)又は当該對立に係る集団に所屬する指定暴力団員若しくはその居宅に對する凶器を使用しての暴力行爲が發生した場合における当該暴力行爲

三　当該指定暴力団等の指定暴力団員がした暴力的要求行爲をその相手方が拒絶した場合において、これに報復し、又は当該相手方を当該暴力的要求行爲に応じさせる目的で、当該相手方又はその配偶者等に對してする暴力行爲

四　第三十條の二各号に揭げる請求を妨害する目的又は当該請求がされたことに報復する目的で、当該請求をし、若しくはしようとする者又はその配偶者等に對してする暴力行爲

2　公安委員會は、前項の規定による命令をした場合において、当該命令の期間を経過する前に同項に規定するおそれがないと認められるに至ったときは、速やかに、当該命令を取り消さなければならない.

第五章　指定暴力団の代表者等の損害賠償責任

(対立抗争等に係る損害賠償責任)

第三十一条

　指定暴力団の代表者等は、当該指定暴力団と他の指定暴力団との間に對立が生じ、これにより当該指定暴力団の指定暴力団員に

よる暴力行爲(凶器を使用するものに限る.以下この條において同じ)
が發生した場合において、当該暴力行爲により他人の生命、身体
又は財産を侵害したときは、これによって生じた損害を賠償する
責任を負う.

 2 一の指定暴力団に所屬する指定暴力団員の集団の相互間に對
  立が生じ、これにより当該對立に係る集団に所屬する指定
  暴力団員による暴力行爲が發生した場合において、当該暴
  力行爲により他人の生命、身体又は財産を侵害したとき
  も、前項と同様とする.

(威力利用資金獲得行為に係る損害賠償責任)

第三十一条の二

 指定暴力団の代表者等は、当該指定暴力団の指定暴力団員が威
力利用資金獲得行爲(当該指定暴力団の威力を利用して生計の維
持、財産の形成若しくは事業の遂行のための資金を得、又は当該
資金を得るために必要な地位を得る行爲をいう.以下この條におい
て同じ)を行うについて他人の生命、身体又は財産を侵害したとき
は、これによって生じた損害を賠償する責任を負う.ただし、次に
掲げる場合は、この限りでない.

 一 当該代表者等が当該代表者等以外の当該指定暴力団の指定暴
  力団員が行う威力利用資金獲得行爲により直接又は間接に
  その生計の維持、財産の形成若しくは事業の遂行のための資
  金を得、又は当該資金を得るために必要な地位を得ることが
  ないとき.

二　当該威力利用資金獲得行爲が、当該指定暴力団の指定暴力団
　　員以外の者が專ら自己の利益を図る目的で当該指定暴力団
　　員に對し強要したことによって行われたものであり、かつ、
　　当該威力利用資金獲得行爲が行われたことにつき当該代表
　　者等に過失がないとき.

（民法の適用）
第三十一条の三
　　指定暴力団の代表者等の損害賠償の責任については、前二條の
　規定によるほか、民法(明治二十九年法律第八十九号)の規定による.

第六章　暴力団員による不当な行爲の防止及びこれによ
　　る不当な影響の排除のための民間活動の促進

（国及び地方公共団体の責務）
第三十二条
　　國及び地方公共団体は、事業者、國民又はこれらの者が組織す
　る民間の団体(次項において「事業者等」という)が自發的に行う暴力
　排除活動(暴力団員による不当な行爲を防止し、及びこれにより事
　業活動又は市民生活に生じた不当な影響を排除するための活動を
　いう.同項において同じ)の促進を図るため、情報の提供、助言、指
　導その他必要な措置を講ずるものとする.

2 國及び地方公共団体は、事業者等が安心して暴力排除活動の實施に取り組むことができるよう、その安全の確保に配慮しなければならない.

(都道府県暴力追放運動推進センター)

第三十二条の二

公安委員會は、次の各号に掲げる要件のいずれにも該当すると認められる者を、その申出により、都道府縣に一を限って、都道府縣暴力追放運動推進センター(以下「都道府縣センター」という)として指定することができる.

　　一 暴力団員による不当な行爲の防止及びこれによる被害の救濟に寄与することを目的とする一般社団法人又は一般財団法人であること.

　　二 次項第三号から第五号までの事業(以下「相談事業」という)に係る相談の申出人、暴力団の影響を受けている少年又は暴力団から離脱する意志を有する者(第三項において「相談の申出人等」という)に對する助言について、専門的知識経験を有する者として國家公安委員會規則で定める者(以下「暴力追放相談委員」という)が置かれていること.

　　三 その他次項に規定する事業を適正かつ確實に行うために必要なものとして國家公安委員會規則で定める基準に適合すること.

2 都道府縣センターは、当該都道府縣の區域において、次に掲げる事業を行うものとする.

一　暴力団員による不当な行爲の予防に關する知識の普及及び思想の高揚を図るための廣報活動を行うこと.

二　暴力団員による不当な行爲の予防に關する民間の自主的な組織活動を助けること.

三　暴力団員による不当な行爲に關する相談に応ずること.

四　少年に對する暴力団の影響を排除するための活動を行うこと.

五　暴力団から離脱する意志を有する者を助けるための活動を行うこと.

六　公安委員會の委託を受けて第十四條第二項の講習を行うこと.

七　不当要求情報管理機關(不当要求に關する情報の收集及び事業者に對する当該情報の提供を業とする者をいう)の業務を助けること.

八　暴力団員による不当な行爲の被害者に對して見舞金の支給、民事訴訟の支援その他の救援を行うこと.

九　風俗營業等の規制及び業務の適正化等に關する法律(昭和二十三年法律第百二十二号)第三十八條に規定する少年指導委員に對し第四号の事業の目的を達成するために必要な研修を行うこと.

十　前各号の事業に附帯する事業

3　都道府縣センターは、相談事業を行うに当たっては、相談の申出人等に對する助言については、暴力追放相談委員に行わせなければならない.

4 都道府縣センターは、住民から暴力団員による不当な行爲に關する相談の申出があったときは、その相談に応じ、申出人に必要な助言をし、その相談に係る事項の迅速かつ適切な解決に努めなければならない.

5 公安委員會は、都道府縣センターの財産の狀況又はその事業の運營に關し改善が必要であると認めるときは、都道府縣センターに對し、その改善に必要な措置を探るべきことを命ずることができる.

6 公安委員會は、都道府縣センターが前項の規定による命令に違反したときは、第一項の指定を取り消すことができる.

7 都道府縣センターの役員若しくは職員(暴力追放相談委員を含む)又はこれらの職にあった者は、相談事業に係る業務に關して知り得た秘密を漏らしてはならない.

8 都道府縣センターは、その業務の運營について都道府縣警察と密接に連絡するものとし、都道府縣警察は、都道府縣センターに對し、その業務の円滑な運營が図られるように必要な配慮を加えるものとする.

9 第一項の指定の手續その他都道府縣センターに關し必要な事項は、國家公安委員會規則で定める.

（全國暴力追放運動推進センター）

第三十二條の三

　國家公安委員會は、暴力団員による不当な行爲の防止及びこれによる被害の救濟に寄与することを目的とする一般社団法人又は

一般財団法人であって、次項に規定する事業を適正かつ確實に行うことができると認められるものを、その申出により、全國に一を限って、全國暴力追放運動推進センター(以下「全國センター」という)として指定することができる.

2　全國センターは、次に掲げる事業を行うものとする.

一　暴力団員による不当な行爲の予防に關する知識の普及及び思想の高揚を図るための二以上の都道府縣の區域における廣報活動を行うこと.

二　暴力追放相談委員その他都道府縣センターの業務を行う者に對する研修を行うこと.

三　少年の健全な育成に及ぼす暴力団の影響その他の暴力団の市民生活に与える影響に關する調査研究を行うこと.

四　都道府縣センターの事業について、連絡調整を行うこと.

五　前各号の事業に附帯する事業

3　前條第五項、第六項、第八項及び第九項の規定は、全國センターについて準用する.この場合において、同條第五項及び第六項中「公安委員會」とあるのは「國家公安委員會」と、同條第八項中「都道府縣警察」とあるのは「國家公安委員會及び警察廳」と讀み替えるものとする.

第七章　雑則

（報告及び立入り）

第三十三條

　公安委員會は、この法律の施行に必要があると認めるときは、國家公安委員會規則で定めるところにより、この法律の施行に必要な限度において、指定暴力団員その他の關係者に對し報告若しくは資料の提出を求め、又は警察職員に事務所に立ち入り、物件を檢査させ若しくは指定暴力団員その他の關係者に質問させることができる.

　　2　前項の規定による立入檢査をする職員は、その身分を示す証明書を携帯し、關係者に提示しなければならない.

　　3　第一項の規定による立入檢査の權限は、犯罪捜査のために認められたものと解釋してはならない.

（意見聴取）

第三十四条

　公安委員會は、第十一條第二項、第十二條第一項、第十二條の二、第十二條の四第一項、第十二條の六第二項、第十五條第一項(同條第二項において準用する場合を含む.次條、第三十九條及び第四十二條第一項において同じ)、第十八條第二項若しくは第三項、第十九條、第二十二條第二項、第二十三條、第二十六條第二項、第二十七條、第三十條の四又は第三十條の五第一項の規

定による命令をしようとするときは、公開による意見聴取を行わなければならない.ただし、命令に係る者がした暴力的要求行爲若しくは準暴力的要求行爲、第十六條若しくは第二十四條の規定に違反する行爲若しくは第三十條の五第一項に規定する暴力行爲の相手方又は第三十條の四に規定する請求者若しくはその配偶者等に係る個人の秘密又は事業上の秘密の保護のためやむを得ないと認めるときは、意見聴取を公開しないことができる.

2 前項の意見聴取を行う場合において、公安委員會は、当該命令に係る者に對し、命令をしようとする理由並びに意見聴取の期日及び場所を相当の期間をおいて通知し、かつ、意見聴取の期日及び場所を公示しなければならない.

3 意見聴取に際しては、当該命令に係る者又はその代理人は、当該事案について意見を述べ、かつ、有利な証據を提出することができる.

4 第十二條の二の規定による命令に係る第一項の意見聴取を行う場合において、当該命令に係る者が当該命令に係る暴力的要求行爲をした指定暴力団員の出頭及び意見の陳述を求めたときは、公安委員會は、これを許可することができる.

5 公安委員會は、当該命令に係る者又はその代理人が正当な理由がなくて出頭しないとき、又は当該命令に係る者の所在が不明であるため第二項の規定による通知をすることができず、かつ、同項の規定による公示をした日から起算して三十日を経過してもその者の所在が判明しないときは、第一項の規定にかかわらず、意見聴取を行わないで同項に規定する命

令をすることができる．

6　前各項に定めるもののほか、第一項の意見聽取の實施につい
　　て必要な事項は、國家公安委員會規則で定める．

(仮の命令)

第三十五条

　公安委員會は、緊急の必要がある場合においては、前條第一項
の規定にかかわらず、同項の意見聽取を行わないで、仮に、第十
一條第二項、第十二條の四第一項、第十二條の六第二項、第十
五條第一項、第十八條第二項、第十九條、第二十二條第二項、
第二十三條、第二十六條第二項、第二十七條、第三十條の四又
は第三十條の五第一項の規定(以下この條において「第十一條第二
項、第十二條の四第一項、第十二條の六第二項等の規定」という)
による命令をすることができる．

2　前項の規定による命令(以下「仮の命令」という)の効力は、仮
　　の命令をした日から起算して十五日とする．

3　公安委員會は、仮の命令をしたときは、当該仮の命令をした
　　日から起算して十五日以内に、公開による意見聽取を行わ
　　なければならない．

4　公安委員會がした仮の命令が第十五條第一項、第三十條の四
　　及び第三十條の五第一項に係るもの以外のものである場合に
　　おいて、当該仮の命令を受けた者の当該仮の命令に係る違反
　　行爲をした時における住所(当該違反行爲をした者が指定暴
　　力団員である場合で当該指定暴力団員の住所が明らかでない

ときにあっては、当該指定暴力団員の所屬する指定暴力団等の主たる事務所.以下この項において「住所等」という)が当該仮の命令をした公安委員會以外の公安委員會の管轄區域内に在るときは、当該仮の命令をした公安委員會は、前項の規定にかかわらず同項の意見聽取を行うことなく、速やかに、当該仮の命令をした旨をその者の住所等の所在地を管轄する公安委員會に通知しなければならない.この場合において、通知を受けた公安委員會は、当該仮の命令があった日から起算して十五日以內に、公開による意見聽取を行わなければならない.

5　前條第一項ただし書、第二項、第三項及び第六項の規定は、前二項の意見聽取について準用する．この場合において、同條第二項中「命令をしようとする理由」とあるのは「仮の命令をした理由」と、「相当の期間をおいて」とあるのは「速やかに」と讀み替えるものとする.

6　公安委員會は、第三項又は第四項の意見聽取の結果、仮の命令が不当でないと認めたときは、前條第一項の規定にかかわらず、同項の意見聽取を行わないで第十一條第二項等の規定による命令をすることができる.

7　第十一條第二項等の規定による命令をしたときは、仮の命令は、その効力を失う.

8　公安委員會は、第三項又は第四項の意見聽取の結果、仮の命令が不当であると認めた場合は、直ちに、その命令の効力を失わせなければならない.

9 仮の命令に係る者の所在が不明であるため第五項において準
　　用する前條第二項の規定による通知をすることができないこ
　　とにより又は仮の命令に係る者若しくはその代理人が出頭し
　　ないことにより、第三項又は第四項の意見聽取を行うこと
　　ができず、かつ、次に掲げる命令をするため、当該仮の命令
　　があった日から起算して十五日以內に同條第一項の意見聽
　　取に係る同條第二項の規定による公示がされているときは、
　　第二項の規定にかかわらず、当該仮の命令の効力は、当該
　　意見聽取の期日(同條第五項の規定に該当する場合にあって
　　は、当該意見聽取に係る公示をした日から起算して三十日
　　を経過する日)までとする.
　一　当該仮の命令に係る違反行爲に關する第十一條第二項等
　　　の規定(第十五條第一項、第三十條の四及び第三十條の
　　　五第一項の規定を除く)による命令
　二　当該仮の命令に係る指定暴力団等の事務所に關する第十
　　　五條第一項の規定による命令
　三　当該仮の命令に係る請求に關する第三十條の四の規定に
　　　よる命令
　四　当該仮の命令に係る暴力行爲に關する第三十條の五第一
　　　項の規定による命令

(公安委員会の報告等)

第三十六条

　公安委員會は、暴力団の活動の狀況、暴力団の事務所の所在地

164

その他暴力団の實態を把握して、これらに關する事項を國家公安委員會に報告しなければならない.

　　2　國家公安委員會は、前項の規定による報告に基づき、報告に係る暴力団の主たる事務所と認められる事務所を決定し、その旨を各公安委員會に通報するものとする.

　　3　公安委員會は、指定暴力団員に對しこの法律の規定による命令をした場合における当該命令の內容、命令の日時その他指定暴力団等又は指定暴力団員に係る事項で國家公安委員會が定めるものを國家公安委員會に報告しなければならない.この場合において、國家公安委員會は、当該報告に係る事項を各公安委員會に通報するものとする.

　　4　公安委員會は、第三條及び第四條の規定による指定並びにこの法律の規定による命令をするについて必要があるときは、官公署に、これらの指定又は命令をするため參考となるべき資料の閲覧又は提供その他の協力を求めることができる.

(不服申立て等)

第三十七条

　　第三條又は第四條の規定による指定に不服がある者は、國家公安委員會に審査請求をすることができる.

　　2　國家公安委員會は、指定暴力団等の指定についての審査請求に對する裁決に当たっては、國家公安委員會規則で定めるところにより、審査專門委員の意見を聽かなければならない.

　　3　指定暴力団等の指定の取消しを求める訴えは、当該指定につ

いての審査請求に對する國家公安委員會の裁決を経た後で
なければ、提起することができない．

(審査専門委員)

第三十八条

　國家公安委員會に、第三條又は第四條の規定による指定暴力団
等の指定に係る確認及び不服申立てについて、第三條第一号又は
第四條第二号の要件に關する専門の事項を調査審議し、意見を提
出させるため、審査専門委員若干人を置く．

　　2　審査専門委員は、人格が高潔であって、指定暴力団等の指定
　　　に關し公正な判斷をすることができ、かつ、法律又は社會に
　　　關する學識経驗を有する者のうちから、國家公安委員會が任
　　　命する．

　　3　審査専門委員の任期その他審査専門委員に關し必要な事項は、
　　　政令で定める．

(命令等を行う公安委員会)

第三十九条

　この法律における公安委員會は、次の各号に掲げる事項に關し
ては、当該各号に定める公安委員會とする．

　　一　第五條第二項の規定による通知及び公示
　　　同條第一項の意見聽取に係る指定をしようとする暴力団の主
　　　たる事務所の所在地を管轄する公安委員會

　　二　第五條第一項の意見聽取

同條第二項の規定による公示をした公安委員會

三 第三條又は第四條の規定による指定
　　第五條第一項の意見聽取に係る公安委員會

四 第八條第二項又は第三項の規定による指定の取消し
　　指定の取消しをしようとする指定暴力団等の主たる事務所の
　　所在地を管轄する公安委員會

五 第十一條第二項、第十二條第一項、第十二條の四第一項、第十
　　二條の六第二項、第十八條第二項若しくは第三項、第十九
　　條、第二十二條第二項、第二十三條、第二十六條第二項若し
　　くは第二十七條の規定による命令(仮の命令を除く)又はこれら
　　の命令に係る第三十四條第一項の意見聽取
　　当該命令又は意見聽取に係る違反行爲が行われた時におけ
　　る当該違反行爲を行った者の住所地(当該違反行爲を行った
　　者が指定暴力団員である場合で当該指定暴力団員の住所が明
　　らかでないときにあっては、当該指定暴力団員の所屬する指
　　定暴力団等の主たる事務所の所在地)を管轄する公安委員會

六 第十二條の二の規定による命令又は当該命令に係る第三十四
　　條第一項の意見聽取当該命令又は意見聽取に係る暴力的要
　　求行爲が行われた時における当該命令又は意見聽取に係る
　　第十二條の二各号に定める指定暴力団員の住所地(当該指定
　　暴力団員の住所が明らかでない場合にあっては、当該指定
　　暴力団員の所屬する指定暴力団等の主たる事務所の所在地)
　　を管轄する公安委員會

七 第十一條第一項、第十二條第二項、第十二條の六第一項、第

十八條第一項、第二十二條第一項、第二十六條第一項、第三十條若しくは第三十條の三の規定による命令又は第十五條第一項、第三十條の四及び第三十條の五第一項の規定に係る仮の命令以外の仮の命令

当該命令に係る違反行爲が行われた場所を管轄する公安委員會

八　第十三條の規定による援助

第十一條又は第十二條の六の規定による命令をした公安委員會

九　第十四條第一項の規定による援助又は同條第二項の規定による講習

当該援助又は講習に係る事業者の主たる事業所の所在地を管轄する公安委員會

十　第十五條第一項の規定による命令(同項の規定に係る仮の命令を含む)又は当該命令に係る第三十四條第一項の意見聽取

当該命令又は意見聽取に係る事務所の所在地を管轄する公安委員會

十一　　第三十條の四の規定による命令(同條の規定に係る仮の命令を含む)又は当該命令に係る第三十四條第一項の意見聽取

当該命令又は意見聽取に係る第三十條の二各号に揭げる請求が行われた時における当該請求の相手方である指定暴力団員の住所地(当該指定暴力団員の住所が明らかでない場合にあっては、当該指定暴力団員の所属する指定暴力団等の主たる事務所の所在地)を管轄する公安委員會

十二　第三十條の五第一項の規定による命令(同項の規定に係る
　　仮の命令を含む)又は当該命令に係る第三十四條第一項の意
　　見聽取
　　　当該命令又は意見聽取に係る暴力行爲が行われた時におけ
　　る当該暴力行爲を行った指定暴力團員の住所地(当該指定暴
　　力團員の住所が明らかでない場合にあっては、当該指定暴力
　　團員の所屬する指定暴力團等の主たる事務所の所在地)を管
　　轄する公安委員會
十三　第三十二條の二第一項の規定による指定、同條第五項の規
　　定による命令又は同條第六項の規定による取消し
　　　同條第一項の規定による申出を受け、又は指定をした公安
　　委員會

(警察庁長官への権限の委任)
第四十条
　　この法律又はこの法律に基づく命令の規定により國家公安委員
會の權限に屬する事務(第六條第一項の規定による確認及び同條第
二項の規定による意見聽取、第八條第四項の規定による確認、第
三十七條第一項の規定による審査請求及び同條第二項の規定によ
る意見聽取並びに第三十八條第二項の規定による任命に係るもの
を除く)は、政令で定めるところにより、警察廳長官に委任するこ
とができる.

（方面公安委員会への権限の委任）

第四十一条

　この法律又はこの法律に基づく政令の規定により道公安委員會の権限に屬する事務は、次に掲げる事務を除き、政令で定めるところにより、方面公安委員會に委任することができる.

　　一　第三條及び第四條の規定による指定

　　二　第五條第一項の意見聽取

　　三　第六條第一項及び第八條第四項の規定による確認の請求

　　四　第六條第四項及び第八條第五項の規定による通知の受理

　　五　第七條第一項(第八條第七項において準用する場合を含む)及び第七條第四項の規定による公示

　　六　第七條第三項(第八條第七項において準用する場合を含む)の規定による通知

　　七　第八條第二項及び第三項の規定による指定の取消し

（公安委員会の事務の委任）

第四十二条

　公安委員會は、仮の命令に關する事務、第十二條の四第二項の規定による指示(緊急の必要がある場合におけるものに限る)に關する事務並びに第十五條第一項の規定に係る仮の命令に係る同條第三項及び第四項に規定する事務を警視總監又は道府縣警察本部長に行わせることができる.

　　2　方面公安委員會は、前條の規定により道公安委員會から委任された事務のうち、前項の事務を方面本部長に行わせること

ができる.

3　公安委員會は、第十一條第一項、第十二條第二項、第十二條
の六第一項、第十八條第一項、第二十二條第一項、第二十
六條第一項、第三十條又は第三十條の三の規定による命令
を警察署長に行わせることができる.

(行政手續法の適用除外)

第四十三条

第二章から第四章まで及びこの章の規定による命令について
は、行政手續法第三章の規定は、適用しない.

(経過措置)

第四十四条

この法律の規定に基づき命令を制定し、又は改廢する場合にお
いては、その命令で、その制定又は改廢に伴い合理的に必要と判
斷される範囲內において、所要の経過措置(罰則に關する経過措置
を含む)を定めることができる.

(国家公安委員会規則への委任)

第四十五条

この法律に定めるもののほか、この法律の實施のための手續その
他この法律の施行に關し必要な事項は、國家公安委員會規則で定
める.

第八章　罰則

第四十六条

　第十一條の規定による命令に違反した者は、一年以下の懲役若しくは百万円以下の罰金に處し、又はこれを併科する.

第四十七条

　次の各号のいずれかに該当する者は、一年以下の懲役又は五十万円以下の罰金に處する.

　一　第十二條の規定による命令に違反した者

　二　第十二條の二の規定による命令に違反した者

　三　第十二條の四第一項の規定による命令に違反した者

　四　第十二條の六の規定による命令に違反した者

　五　第十五條第一項(同條第二項において準用する場合を含む)の
　　　規定による命令に違反した者

　六　第十八條の規定による命令に違反した者

　七　第十九條の規定による命令に違反した者

　八　第二十二條の規定による命令に違反した者

　九　第二十三條の規定による命令に違反した者

　十　第二十六條の規定による命令に違反した者

　十一　第二十七條の規定による命令に違反した者

　十二　第三十條の規定による命令に違反した者

　十三　第三十條の三の規定による命令に違反した者

十四　第三十條の四の規定による命令に違反した者

十五　第三十條の五第一項の規定による命令に違反した者

第四十八条

第三十二條の二第七項の規定に違反した者は、六月以下の懲役又は五十万円以下の罰金に處する.

第四十九条

第十五條第五項の規定に違反した者は、五十万円以下の罰金に處する.

第五十条

第三十三條第一項の規定に違反して報告をせず、若しくは資料を提出せず、若しくは同項の報告若しくは資料の提出について虚偽の報告をし、若しくは虚偽の資料を提出し、又は同項の規定による立入檢査を拒み、妨げ、若しくは忌避した者は、二十万円以下の罰金に處する.

附則 （平成二〇年六月六日法律第五二号）　抄

（施行期日）

第一条

　この法律は、公布の日から起算して六月を超えない範囲内において政令で定める日から施行する.ただし、次の各号に掲げる規定は、当該各号に定める日から施行する.

　二　附則第十條の規定

　　暴力団員による不当な行爲の防止等に關する法律の一部を改正する法律(平成二十年法律第二十八号)附則第一條第二号に掲げる規定の施行の日又はこの法律の施行の日のいずれか遅い日

（調整規定）

第十一条

　この法律の施行の日が暴力団員による不当な行爲の防止等に關する法律の一部を改正する法律附則第一條第二号に掲げる規定の施行の日前である場合には、同日の前日までの間における暴力団員による不当な行爲の防止等に關する法律の規定の適用については、新法第六章に規定する罪は、暴力団員による不当な行爲の防止等に關する法律別表に掲げる罪とみなす.

別表(第二条関係)

一　爆發物取締罰則(明治十七年太政官布告第三十二号)に規定する罪

二　刑法(明治四十年法律第四十五号)第二編第五章、第七章、第二十二章、第二十三章、第二十六章、第二十七章、第三十一章から第三十三章まで、第三十五章から第三十七章まで及び第四十章に規定する罪

三　暴力行爲等處罰に關する法律(大正十五年法律第六十号)に規定する罪

四　盜犯等の防止及び處分に關する法律(昭和五年法律第九号)に規定する罪

五　勞働基準法(昭和二十二年法律第四十九号)第十三章に規定する罪

六　職業安定法(昭和二十二年法律第百四十一号)第五章に規定する罪

七　兒童福祉法(昭和二十二年法律第百六十四号)第六章に規定する罪

八　金融商品取引法第八章に規定する罪

九　風俗營業等の規制及び業務の適正化等に關する法律第七章に規定する罪

十　大麻取締法(昭和二十三年法律第百二十四号)第六章に規定する罪

十一　船員職業安定法(昭和二十三年法律第百三十号)第六章に規定する罪

十二　競馬法(昭和二十三年法律第百五十八号)第五章に規定する罪

十三　自轉車競技法(昭和二十三年法律第二百九号)第六章に規定する罪

十四　建設業法(昭和二十四年法律第百号)第八章に規定する罪

十五　弁護士法(昭和二十四年法律第二百五号)第十章に規定する罪

十六　火藥類取締法(昭和二十五年法律第百四十九号)第五章に規定する罪

十七　小型自動車競走法(昭和二十五年法律第二百八号)第七章に規定する罪

十八　毒物及び劇物取締法(昭和二十五年法律第三百三号)に規定する罪

十九　港湾運送事業法(昭和二十六年法律第百六十一号)第五章に規定する罪

二十　投資信託及び投資法人に關する法律(昭和二十六年法律第百九十八号)第五編に規定する罪

二十一　モーターボート競走法(昭和二十六年法律第二百四十二号)第七章に規定する罪

二十二　覺せい劑取締法(昭和二十六年法律第二百五十二号)第八章に規定する罪

二十三　旅券法(昭和二十六年法律第二百六十七号)に規定する罪

二十四　出入國管理及び難民認定法(昭和二十六年政令第三百十

九号)第九章に規定する罪

二十五　宅地建物取引業法(昭和二十七年法律第百七十六号)第八章に規定する罪

二十六　酒税法(昭和二十八年法律第六号)第九章に規定する罪

二十七　麻薬及び向精神薬取締法(昭和二十八年法律第十四号)第七章に規定する罪

二十八　武器等製造法(昭和二十八年法律第百四十五号)第五章に規定する罪

二十九　出資の受入れ、預り金及び金利等の取締りに關する法律(昭和二十九年法律第百九十五号)に規定する罪

三十　賣春防止法(昭和三十一年法律第百十八号)第二章に規定する罪

三十一　銃砲刀劍類所持等取締法(昭和三十三年法律第六号)第五章に規定する罪

三十二　著作權法(昭和四十五年法律第四十八号)第八章に規定する罪

三十三　廢棄物の處理及び清掃に關する法律(昭和四十五年法律第百三十七号)第五章に規定する罪

三十四　火炎びんの使用等の處罰に關する法律(昭和四十七年法律第十七号)に規定する罪

三十五　建設勞働者の雇用の改善等に關する法律(昭和五十一年法律第三十三号)第八章に規定する罪

三十六　銀行法(昭和五十六年法律第五十九号)第九章に規定する罪

三十七　貸金業法(昭和五十八年法律第三十二号)第五章に規定す

る罪

三十八　勞働者派遣事業の適正な運營の確保及び派遣勞働者の就業條件の整備等に關する法律(昭和六十年法律第八十八号)第五章に規定する罪

三十九　港湾勞働法(昭和六十三年法律第四十号)第七章に規定する罪

四十　國際的な協力の下に規制藥物に係る不正行爲を助長する行爲等の防止を図るための麻藥及び向精神藥取締法等の特例等に關する法律(平成三年法律第九十四号)第三章に規定する罪

四十一　不動産特定共同事業法(平成六年法律第七十七号)第七章に規定する罪

四十二　保險業法(平成七年法律第百五号)第五編に規定する罪

四十三　資産の流動化に關する法律(平成十年法律第百五号)第五編に規定する罪

四十四　債權管理回收業に關する特別措置法(平成十年法律第百二十六号)第六章に規定する罪

四十五　兒童買春、兒童ポルノに係る行爲等の處罰及び兒童の保護等に關する法律(平成十一年法律第五十二号)に規定する罪

四十六　組織的な犯罪の處罰及び犯罪收益の規制等に關する法律(平成十一年法律第百三十六号)第二章に規定する罪

四十七　著作權等管理事業法(平成十二年法律第百三十一号)第七章に規定する罪

四十八　使用濟自動車の再資源化等に關する法律(平成十四年法律第八十七号)第八章に規定する罪

四十九　インターネット異性紹介事業を利用して兒童を誘引する
　　　行爲の規制等に關する法律(平成十五年法律第八十三号)第六
　　　章に規定する罪

五十　　裁判外紛爭解決手續の利用の促進に關する法律(平成十六
　　　年法律第百五十一号)第五章に規定する罪

五十一　信託業法(平成十六年法律第百五十四号)第七章に規定す
　　　る罪

五十二　會社法第八編に規定する罪

五十三　探偵業の業務の適正化に關する法律(平成十八年法律第六
　　　十号)に規定する罪

五十四　電子記録債權法(平成十九年法律第百二号)第五章に規定
　　　する罪

제2장 폭력단원에 의한 부당행위의 방지 등에 관한 법률

(1991년 5월 15일 법률 제77호)

최종개정: 2008년 6월 6일 법률 제52호

제1장 총칙

제1조(목적)

　이 법률은 폭력단원이 하는 폭력적 요구행위 등에 관하여 필요한 규제를 하고, 폭력단의 대립항쟁 등에 따른 시민생활에 대한 위험을 방지하기 위하여 필요한 조치를 강구함과 동시에 폭력단원의 활동에 의한 피해의 예방 등에 기여하기 위한 민간의 공익적 단체의 활동을 촉진하는 조치 등을 강구함으로써 시민생활의 안전과 평온의 확보를 도모하고, 이로써 국민의 자유와 권리를 보호하는 것을 목적으로 한다.

제2조(정의)

　이 법률에서 다음 각 호의 용어의 의의는 각각 당해 각 호에 정한 바에 따른다.

1. 폭력적 불법행위 등
   별표의 죄 중 국가공안위원회규칙으로 정하는 것에 해당하는 위법한 행위를 말한다.
2. 폭력단
   그 단체의 구성원(그 단체의 구성단체의 구성원을 포함한다)이 집단적 또는 상습적으로 폭력적 불법행위 등을 조장할 우려가 있는 단체를 말한다.
3. 지정폭력단
   다음 조의 규정에 의해 지정된 폭력단을 말한다.

4. 지정폭력단연합

   제4조의 규정에 의해 지정된 폭력단을 말한다.

5. 지정폭력단 등

   지정폭력단 또는 지정폭력단연합을 말한다.

6. 폭력단원

   폭력단의 구성원을 말한다.

7. 폭력적 요구행위

   제9조의 규정에 위반하는 행위를 말한다.

8. 준폭력적 요구행위

   하나의 지정폭력단 등의 폭력단원 이외의 자가 당해 지정폭력
   단 등 또는 그 제9조에서 규정하는 계열상위 지정폭력단 등의
   위력을 보여 동 조 각 호의 행위를 하는 것을 말한다.

제3조(지정)

도도부현공안위원회(이하 '공안위원회'라고 한다)는 폭력단이 다
음 각 호 각각에 해당한다고 인정하는 때에는 당해 폭력단을 그 폭
력단원이 집단적 또는 상습적으로 폭력적 불법행위 등을 할 것을
조장할 우려가 큰 폭력단으로 지정한다.

1. 명목상의 목적 여하를 불문하고, 당해 폭력단의 폭력단원이
   당해 폭력단의 위력을 이용하여 생계의 유지, 재산의 형성 또
   는 사업의 수행을 위한 자금을 얻을 수 있도록 하기 위해 당
   해 폭력단의 위력을 그 폭력단원에게 이용하게 하거나 또는
   당해 폭력단의 위력을 그 폭력단원이 이용하는 것을 용인하
   는 것을 실질상의 목적으로 한다고 인정될 것

2. 국가공안위원회규칙에서 정하는 바에 따라 산정한 당해 폭력단의 간부(주요 폭력단원으로서 국가공안위원회규칙에서 정한 요건에 해당하는 자를 말한다)로 있는 폭력단원의 인원 중에 범죄경력보유자(다음(가～바)의 1에 해당하는 자를 말한다. 이하 이 조에 있어서 같다)가 차지하는 비율 또는 당해 폭력단의 전(全) 폭력단원 중 범죄경력보유자가 차지하는 비율이 폭력단 이외의 일반집단에서 그 집단의 인원 중 범죄경력보유자가 차지하는 비율을 초과하는 것이 확실한 것으로서 정령(政令)에서 정하는 집단의 인원 구분에 따라 정령에서 정한 비율(당해 구분마다 국민 중에서 임의로 추출한 각각의 인원 집단에서 그 집단의 범죄경력보유자가 차지하는 비율이 당해 정령에서 정하는 비율 이상으로 될 확률이 10만분의 1 이하로 되는 것에 한한다)을 초과하는 것일 것

가. 폭력적 불법행위 등 또는 제8장(제48조를 제외한다. 이하 이 조 및 제12조의5 제2항 제1호에서 같다)에서 규정한 죄에 해당하는 위법한 행위를 하여 금고 이상의 형에 처해진 자로, 그 집행을 종료하거나 또는 집행이 면제된 날로부터 기산하여 10년을 경과하지 않은 자

나. 폭력적 불법행위 등 또는 제8장에서 규정한 죄에 해당하는 위법한 행위를 하여 벌금 이하의 형에 처해진 자로서 그 집행을 종료하거나 또는 집행이 면제된 날로부터 기산하여 5년을 경과하지 않은 자

다. 폭력적 불법행위 등 또는 제8장에서 규정한 죄에 해당하는 위법한 행위를 하여 금고 이상의 형의 선고와 그 형의

집행유예의 선고를 받고, 당해 집행유예 선고가 취소되지 않고 당해 집행유예 기간을 경과한 자로서, 당해 형에 관련된 재판이 확정된 날로부터 기산하여 10년을 경과하지 않은 자

라. 폭력적 불법행위 등 또는 제8장에서 규정한 죄에 해당하는 위법한 행위를 하여 벌금형의 선고와 그 형의 집행유예 선고를 받고, 당해 집행유예 선고가 취소되지 않고 당해 집행유예의 기간을 경과한 자로서, 당해 형에 관련된 재판이 확정된 날로부터 기산하여 5년이 경과하지 않은 자

마. 폭력적 불법행위 등 또는 제8장에서 규정한 죄에 해당하는 위법한 행위를 하여 금고 이상의 형에 관한 유죄의 선고를 받고 당해 선고에 관한 죄에 관하여 은사법 제2조의 대사 또는 동법 제4조의 특사를 받은 자로서 당해 대사 또는 특사가 있었던 날(당해 일에 당해 선고된 형의 집행을 종료하거나 또는 집행이 면제된 경우에는 당해 집행을 종료하거나 또는 집행이 면제된 날)로부터 기산하여 10년이 경과되지 않은 자

바. 폭력적 불법행위 등 또는 제8장에서 규정한 죄에 해당하는 위법한 행위를 하여 벌금 이하의 형에 관련된 유죄의 선고를 받고 당해 선고된 죄에 관하여 은사법 제2조의 대사 또는 동법 제4조의 특사를 받은 자로서 당해 대사 또는 특사가 있었던 날(당해 일에 당해 선고된 관련 형의 집행을 종료하거나 또는 집행이 면제된 경우에는 당해 집행을 종료하거나 또는 집행이 면제된 날)로부터 기산하여

5년이 경과되지 않은 자

3. 당해 폭력단을 대표하는 자 또는 그 운영을 지배하는 지위에 있는 자(이하 '대표자 등'이라고 한다)의 통제하에 계층적으로 구성되어 있는 단체일 것

제4조

공안위원회는 폭력단(지정폭력단을 제외한다)이 다음 각 호 모두에 해당한다고 인정하는 때에는 당해 폭력단을 지정폭력단의 연합체로 지정한다.

1. 다음 하나에 해당하는 폭력단일 것

　가. 당해 폭력단을 구성하는 폭력단의 전부 또는 대부분이 지정폭력단일 것

　나. 당해 폭력단의 폭력단원의 전부 또는 대부분이 지정폭력단의 대표자 등일 것

　다. 당해 폭력단을 구성하는 폭력단의 전부 혹은 대부분이 지정폭력단 혹은 가목·나목 어느 하나에 해당하는 폭력단이거나, 또는 당해 폭력단의 폭력단원의 전부 혹은 대부분이 지정폭력단 혹은 가목·나목 어느 하나에 해당하는 폭력단의 대표자 등일 것

2. 명목상의 목적을 불문하고 당해 폭력단을 구성하는 폭력단 혹은 당해 폭력단의 폭력단원이 대표자 등으로 되어 있는 폭력단의 상호부조를 도모하거나, 또는 이러한 폭력단 폭력단원의 활동을 지원하는 것을 실질상의 목적으로 하는 것이라고 인정될 것

제5조(의견청취)

① 공안위원회는 전 2조의 규정에 의한 지정(이하 이 장에서 '지정'이라고 한다)을 하려는 때에는 공개에 의한 의견청취를 하여야 한다. 단, 개인의 비밀보호를 위해 부득이하다고 인정하는 때는 이것을 공개하지 않을 수 있다.

② 전항의 의견청취를 하는 경우에 공안위원회는 지정에 관한 폭력단을 대표하는 자 또는 이를 대신할 적절한 자에게 지정을 하려는 이유, 의견청취 기일 및 장소를 상당한 기간을 두고 통지하고 동시에 의견청취 기일 및 장소를 공시하여야 한다.

③ 의견청취에 임해서는 당해 지정과 관련한 폭력단을 대표하는 자, 이를 대신할 적절한 자, 또는 이들의 대리인은 당해 지정에 관하여 의견을 진술하고 유리한 증거를 제출할 수 있다.

④ 공안위원회는 당해 지정에 관한 폭력단을 대표하는 자 혹은 그를 대신할 적절한 자, 이들의 대리인이 정당한 이유 없이 출석하지 않을 때, 또는 당해 지정에 관한 폭력단을 대표하는 자 또는 그를 대신할 적절한 자의 소재 불명으로 제2항의 규정에 따른 통지가 불가능하고, 동 항의 규정에 따른 공시를 한 날로부터 기산하여 30일을 경과하여도 해당자들의 소재가 판명되지 않을 때에는 제1항의 규정에도 불구하고 의견청취를 하지 않고 지정할 수 있다.

⑤ 前 각 항에서 규정하는 것 외에 제1항의 의견청취의 실시에 관하여 필요한 사항은 국가공안위원회규칙에서 정한다.

제6조(확인)

① 공안위원회는 지정을 하려고 때에는 사전에 당해 폭력단이 지정 요건에 해당한다고 인정하는 취지를 증명하는 서류 및 지정에 관한 전조 제1항의 의견청취에 관한 의견청취조서 또는 그 사본을 첨부하여 당해 폭력단이 제3조 또는 제4조의 요건에 해당하는가에 관한 국가공안위원회의 확인을 구하여야 한다.

② 국가공안위원회는 당해 폭력단이 제3조 또는 제4조의 요건에 해당하는 취지의 확인을 하려는 때에는 국가공안위원회규칙에서 정한 바에 따라 당해 폭력단이 제3조 제1호 또는 제4조 제2호의 요건에 해당하는 것에 관하여 심사전문위원의 의견을 들어야 한다.

③ 국가공안위원회가 하는 당해 폭력단이 제3조 또는 제4조의 요건에 해당하는 취지의 확인은 전항의 규정에 의한 심사전문위원의 의견에 근거한 것이어야 한다.

④ 국가공안위원회는 제1항의 규정에 의한 확인을 한 때에는 확인의 결과를 신속하게 당해 공안위원회에 통지한다.

⑤ 당해 공안위원회는 전항의 규정에 따라 당해 폭력단이 제3조 또는 제4조의 요건에 해당하지 않는다는 취지의 확인 통지를 받은 때에는 당해 폭력단에 관하여 지정을 할 수 없다.

제7조(지정의 공시)

① 공안위원회는 지정을 할 때에는 지정에 관계되는 폭력단의 명칭 기타 국가공안위원회규칙에서 정하는 사항을 관보에 공

시하여야 한다.

② 지정은 전항의 규정에 의한 공시로써 효력을 발생한다.

③ 공안위원회는 지정을 한 때에는 당해 지정에 관한 지정폭력
단 등을 대표하는 자 및 그를 대신할 적절한 자에 대하여 국
가공안위원회규칙에서 정하는 바에 따라 지정을 한 취지, 기
타 국가공안위원회규칙에서 정하는 사항을 통지하여야 한다.

④ 제1항의 규정에 따라 공시된 사항에 변경이 있는 때에는 공
안위원회는 그 취지를 관보에 공시하여야 한다.

제8조(지정의 유효기간 및 취소)

① 지정은 3년간 효력이 있다.

② 공안위원회는 전항의 규정에도 불구하고 지정폭력단 등이 다
음 각 호의 하나에 해당하게 된 때에는 당해 지정폭력단 등
에 관한 지정을 취소하여야 한다.

  1. 해산, 기타 사유로 소멸한 때

  2. 제3조 각 호 또는 제4조 각 호의 하나에 해당하지 않게 됐
    다고 명백하게 인정될 때

③ 공안위원회는 제1항의 규정에도 불구하고 지정폭력단연합이
제3조의 규정에 의해 지정폭력단으로서 지정된 때에는 당해
지정폭력단연합에 관한 제4조의 규정에 의한 지정을 취소하
여야 한다.

④ 공안위원회는 지정폭력단 등이 제2항 각 호의 하나에 해당하
게 된 것을 이유로 동 항의 규정에 의한 지정을 취소하려는
때에는 사전에 당해 지정폭력단 등이 동 항 제1호 또는 제2

호의 경우에 해당한다고 인정하는 취지를 증명하는 서류를 첨부하고, 당해 지정폭력단 등이 동 항 제1호 및 제2호의 경우에 해당하는가에 관한 국가공안위원회의 확인을 구하여야 한다.

⑤ 국가공안위원회는 전항의 규정에 따른 확인을 한 때에는 확인 결과를 신속하게 당해 공안위원회에 통지한다.

⑥ 당해 공안위원회는 동 항의 규정에 의해 당해 지정폭력단 등이 제2항 각 호의 경우에 해당하지 않는다는 취지의 확인 통지를 받은 때에는 당해 지정폭력단 등에 관한 지정을 취소할 수 없다.

⑦ 전조 제1항부터 제3항까지의 규정은, 제2항 또는 제3항의 규정에 의한 지정의 취소에 관하여 준용한다. 이 경우에 동 조 제3항 중 '대표하는 자 또는 그를 대신할 적절한 자'라고 하는 것은 '대표하는 자 또는 그를 대신할 적절한 자(다음 조 제2항 제1호에 해당하게 된 때의 취소의 경우에는 당해 소멸된 지정폭력단 등을 대표하는 자 또는 그를 대신할 적절한 자였던 자)'로 대체하도록 한다.

제2장 폭력적 요구행위의 규제 등

제1절 폭력적 요구행위의 금지 등

제9조(폭력적 요구행위의 금지)

지정폭력단 등의 폭력단원(이하 '지정폭력단원'이라고 한다)은 그 자가 소속하는 지정폭력단 등 또는 그 계열상위 지정폭력단 등(당해 지정폭력단 등과 위로 연결(지정폭력단 등이 다른 지정폭력단 등의 구성단체가 되거나 또는 지정폭력단 등의 대표자 등이 다른 지정폭력단 등의 폭력단원인 관계를 말한다)하는 것에 따라 순차로 관련되어 있는 각 지정폭력단 등을 말한다. 제12조의3 및 제12조의5에 있어서 같다)의 위력을 보여 다음의 행위를 해서는 안 된다.

1. 타인에게 그 타인에 관한 사실을 선전하지 않는 것, 또는 그 타인에 관하여 공지되지 않은 사실을 공표하지 않는 것의 대가로서 금품, 기타 재산상 이익(이하 '금품 등'이라고 한다)의 공여를 요구

2. 타인에게 기부금, 찬조금 기타 명목을 불문하고 함부로 금품 등의 증여를 요구

3. 청부, 위임 또는 위탁계약에 관한 역무 제공 업무의 발주자 또는 수주자에게 그 자가 거절하고 있음에도 불구하고 당해 업무의 전부 혹은 일부의 수주, 또는 당해 업무에 관련된 자재, 기타 물품의 납입 혹은 역무 제공을 받아들일 것을 요구

4. 세력권(정당한 권원이 없음에도 불구하고 자기 권익의 대상범

위로서 설정하고 있다고 인정되는 구역을 말한다. 다음 호 및 제12조의2 제3호에서 같다) 내에서 영업을 영위하는 자에게 명목을 불문하고 그 영업을 영위하는 것을 용인하는 대가로서 금품 등의 공여를 요구

5. 세력권 내에서 영업을 영위하는 자에게 그 영업소에서 일상 업무에 사용하는 물품을 구입하는 것, 그 일상업무에 관한 가요쇼(show), 기타 흥행 입장권, 파티권(券), 기타 증권 혹은 증서를 구입하는 것, 또는 그 영업소에서의 경호인의 역무(영업을 영위하는 자의 영업에 관한 업무를 원활하게 할 수 있도록 고객과의 분쟁 해결 또는 진압을 하는 역무를 말한다), 기타 일상업무에 관한 역무를 유상으로 제공받을 것을 요구

6. 금전을 목적으로 하는 소비대차상의 채무로 이자제한법(1954 년 법률 제100호) 제1조 제1항에 정한 이자의 제한액을 넘는 이자(동법 제3조의 규정에 의하여 이자로 간주되는 금전을 포함한다)의 지불을 수반하거나 또는 그 불이행에 의한 배상액의 예정이 동법 제4조에서 정하는 제한액을 초과하는 것에 관하여 채무자에게 그 이행을 요구

6의2 타인(행위자와 밀접한 관계를 갖는 자로서 국가공안위원회규칙에서 정하는 자를 제외한다)으로부터 의뢰를 받아, 보수를 받거나 또는 보수를 받을 약속을 하고 금품 등을 목적으로 하는 채무에 관하여 채무자에게 거칠고 천한(粗野) 혹은 난폭한 언동을 하거나, 또는 불쾌감을 느끼도록 하는 방법으로 방문하거나 혹은 전화를 걸어 그 이행을 요구(전 호에 해당하는 것을 제외한다).

7. 타인에게 채무의 전부 또는 일부의 면제 또는 이행의 유예를 함부로 요구

8. 금전대부업무(금전대부 또는 금전대차의 매개—어음할인, 매도담보, 기타 이와 유사한 방법으로 하는 금전 교부 또는 이러한 방법으로 하는 금전수수의 매개를 포함한다. 이하 이 호에서 간단히 '금전대부'라고 한다.—를 말한다)를 영위하는 자(이하 '금전대부업자'라고 한다) 이외의 자에게 함부로 금전대부를 요구하고, 금전대부업자에게 그 자가 거절하고 있음에도 불구하고 금전대부를 요구하거나 또는 금전대부업자에게 당해 금전대부업자가 대부 이율 기타 금전대부 조건으로서 제시하고 있는 사항에 반하여 현저하게 유리한 조건으로 금전대부를 요구

9. 금융상품거래업자(금융상품거래법(1948년 법률 제25호) 제2조 제9항에 규정한 금융상품거래업자를 말한다. 이하 이 호에 있어서 같다)에게 그 자가 거절하고 있음에도 불구하고 유가증권의 신용거래(동법 제156조의24 제1항에 규정하는 신용거래를 말한다. 이하 이 호에 있어서 같다)를 할 것을 요구하거나 또는 금융상품거래업자에게 고객이 예탁해야만 하는 금액, 기타 유가증권의 신용거래를 하는 조건으로 당해 금융상품거래업자가 제시하는 사항에 반하여 현저하게 유리한 조건으로 유가증권의 신용거래를 할 것을 요구

10. 주식회사 또는 당해 주식회사의 자회사(회사법(2005년 법률 제86호) 제2조 제3호의 자회사를 말한다)에게 함부로 당해 주식회사 주식의 매입 혹은 그 알선(이하 이 호에 있어서 '매입

등'이라고 한다)을 요구하고, 주식회의 임원, 집행(執行役), 혹은 감사 혹은 주주(이하 이 호에 있어서 '임원 등'이라고 한다)에게 그 자가 거절하고 있음에도 불구하고 당해 주식회사 주식의 매입 등을 요구하고, 또는 주식회사 임원 등에게 매입가격 기타 매입 등의 조건으로 당해 임원 등이 제시하고 있는 사항에 반하여 현저하게 유리한 조건으로 당해 주식회사 주식의 매입 등을 요구

11. 정당한 권원에 근거하여 건물 또는 그 부지를 거주용 또는 사업용으로 제공하고 있는 자에게 그 의사에 반하여 이들의 명도를 요구

12. 토지 또는 건물(이하 이 호에 있어서 '토지 등'이라고 한다)에 관하여, 그 전부 또는 일부를 점거하는 것, 당해 토지 등 또는 그 주변에 자기의 성명을 표시하는 것, 기타 방법으로 당해 토지 등의 소유 및 점유에 관여하고 있는 것을 일부러 표시하고(이하 이 호에 있어서 '지배의 과시'라고 한다), 당해 토지 등의 소유자에 대한 채권을 갖는 자, 또는 당해 토지 등의 소유권, 기타 당해 토지 등에 대한 사용 혹은 수익할 권리 혹은 당해 토지 등에 관련된 담보권을 갖는, 혹은 이러한 권리를 취득하려는 자에게 그 자가 거절하고 있음에도 불구하고 당해 토지 등에 관한 지배의 과시를 그만두는 대가로 명도료, 기타 이와 유사한 명목으로 금품 등의 공여를 요구

13. 타인(행위자와 밀접한 관계를 갖는 자로서 국가공안위원회규칙에서 정하는 자를 제외한다)으로부터 의뢰를 받아 보수를 얻거나 또는 보수를 얻을 약속을 하여, 교통사고, 기타 사고의

원인자에게 당해 사고에 의하여 발생한 손해에 관한 합의(示
談)의 교섭을 하고, 손해배상으로서 금품 등의 공여를 요구

14. 타인에게, 구입한 상품, 구입한 유가증권에 표시된 권리 또는
    제공을 받은 역무에 하자가 없음에도 불구하고 하자가 있다고
    하거나 혹은 교통사고, 기타 사고에 의하여 손해가 없음에도
    불구하고 손해가 있다고 하거나 혹은 이러한 하자 혹은 손해
    의 정도를 과장하여, 손해배상 기타 이와 유사한 명목으로 금
    품 등의 공여를 요구하고, 또는 권유를 받은 상품 혹은 유가
    증권에 관한 매매 기타 거래에서 그 가격 혹은 상품지수(상품
    거래소법(1950년 법률 제239호) 제2조 제5항의 상품지수를 말
    한다), 혹은 금융상품거래법 제2조 제25항에 규정하는 금융지
    표(동 항 제1호에서 규정하는 금융상품의 가격을 제외한다)의
    상승 혹은 하락에 의한 손해를 입었다고 손해배상 기타 이와
    유사한 명목으로 금품 등의 공여를 요구

15. 행정청에게 자기 혹은 다음에 있는 자(이하 이 조에 있어서
    '자기의 관계자'라고 한다)가 한 인허가 등(행정절차법(1993년
    법률 제88호) 제2조 제3호에서 규정하는 인허가 등을 말한다.
    이하 이 호 및 다음 호에 있어서 같다)에 관한 신청(동 조 제3
    호에 규정하는 신청을 말한다. 다음 호에 있어서도 같다)이
    법령(동 조 제1호에 규정하는 법령을 말한다. 이하 이 호 및
    다음 호에 있어서 같다)에 정하여진 인허가 등의 요건에 해당
    되지 않음에도 불구하고 당해 인허가 등을 할 것을 요구하고,
    또는 자기 혹은 자기의 관계자에 대하여 법령에서 정하여진
    불이익처분(행정청이 법령에 근거하여 특정인을 수신인으로서

직접 이러한 의무를 과하고 또는 그 권리를 제한하는 처분을 말한다. 이하 이 호 및 다음 호에 있어서 같다)의 요건에 해당하는 사유가 있음에도 불구하고 당해 불이익처분을 하지 않을 것을 요구

가. 자기와 생계를 같이하는 배우자, 기타 친족(혼인신고를 하지 않았지만 사실상 혼인관계와 다름없는 사정이 있는 자 및 당해 사정이 있는 자의 친족을 포함한다)

나. 법인 기타 단체로, 자기가 그 임원(업무를 집행하는 사원, 임원, 집행역(役) 또는 이에 준하는 자를 말하고, 상담역, 고문 기타 어떤 명칭을 갖는 자인가를 불문하고, 당해 단체에 대한 업무를 집행하는 사원, 임원, 집행역(役), 또는 이에 준하는 자와 동등 이상의 지배력을 갖는 것으로 인정되는 자를 포함한다)으로 되어 있는 자

다. 자기가 출자, 융자, 거래 기타 관계를 통하여 그 사업 활동에 지배적인 영향력을 갖는 자(나목에 해당하는 자를 제외한다)

16. 행정청에 대하여 특정인이 한 인허가 등에 관한 신청이 법령에 정하여진 인허가 등의 요건에 해당함에도 불구하고 당해 인허가 등을 하지 않을 것을 요구하고, 또는 특정인에 관하여 법령에 정하여진 불이익처분의 요건에 해당하는 사유가 없음에도 불구하고 당해 불이익처분을 할 것을 요구

17. 국가, 특수법인 등(공공공사의 입찰 및 계약의 적정화 촉진에 관한 법률(2000년 법률 제127호) 제2조 제1항에 규정한 특수법인 등을 말한다) 또는 지방공공단체(이하 이 조에 있어서

'국가 등'이라고 말한다)에 대하여, 당해 국가 등이 하는 공공공사(동법 제2조 제2항에 규정된 공공공사를 말한다. 이하 이 조에 있어서 같다)의 입찰에 관하여 자기 또는 자기의 관계자가 입찰참가자격(입찰의 참가자의 자격을 말한다. 이하 이 호 및 다음 호에 있어서 같다)을 갖는 자가 아니거나 또는 자기 혹은 자기의 관계자가 지명 기준(입찰참가자격을 갖는 자 중 입찰에 참가하는 자를 지명하는 경우의 기준을 말한다. 동 호에 있어서 같다)에 적합한 자가 아님에도 불구하고, 당해 자기 또는 자기의 관계자를 당해 입찰에 참가시킬 것을 요구

18. 국가에 대하여 당해 국가 등이 하는 공공공사의 입찰에 관하여 특정인이 입찰참가자격을 갖는 자(지명기준에 적합하지 않은 자를 제외한다)이거나 또는 특정인이 지명기준에 적합한 자임에도 불구하고 당해 특정인을 당해 입찰에 참가시키지 않을 것을 요구

19. 국가에 대하여 특정인을 당해 국가 등이 하는 공공공사의 계약상대방으로 하지 않을 것을 함부로 요구(전 호에 해당하는 것을 제외한다)

20. 국가에 대하여, 당해 국가가 하는 공공공사 계약의 상대방에 대하여 자기 또는 자기의 관계자로부터 당해 계약에 관한 역무의 제공 업무 전부 혹은 일부의 수주, 또는 당해 업무에 관련하는 자재, 기타 물품의 납입 혹은 역무의 제공을 승낙할 것을 요구하는 지도, 조언, 기타 행위를 하는 것을 함부로 요구

제10조(폭력적 요구행위의 요구 등의 금지)

① 누구라도 지정폭력단원에게 폭력적 요구행위를 할 것을 요구, 의뢰, 또는 교사하여서는 안 된다.

② 누구라도 지정폭력단원이 폭력적 요구행위를 하고 있는 현장에 입회하여, 당해 폭력적 요구행위를 하는 것을 도와주어서는 안 된다.

제11조(폭력적 요구행위 등에 대한 조치)

① 공안위원회는 지정폭력단원이 폭력적 요구행위를 하고 있고, 그 상대방 생활의 평온 또는 업무수행의 평온을 해치고 있다고 인정하는 경우에는, 당해 지정폭력단원에게 당해 폭력적 요구행위를 중지할 것을 명하거나 또는 당해 폭력적 요구행위가 중지될 것을 확보하기 위하여 필요한 사항을 명할 수 있다.

② 공안위원회는 지정폭력단원이 폭력적 요구행위를 한 경우에 당해 지정폭력단원이 다시 반복하여 당해 폭력적 요구행위와 유사한 폭력적 요구행위를 할 우려가 있다고 인정하는 때에는 당해 지정폭력단원에게 1년을 초과하지 않는 범위 내에서 기간을 정하여 폭력적 요구행위를 하는 것을 방지하기 위하여 필요한 사항을 명할 수 있다.

제12조

① 공안위원회는 제10조 제1항의 규정에 위반하는 행위가 있었던 경우에 당해 행위를 한 자가 다시 반복하여 동 항의 규정

에 위반하는 행위를 할 우려가 있다고 인정하는 때에는 당해 행위를 한 자에 대하여 1년을 초과하지 아니하는 범위 내에서 기간을 정하여 당해 행위에 관련된 지정폭력단원 또는 당해지정폭력단원이 소속하는 지정폭력단 등의 다른 지정폭력단원에 대하여 폭력적 요구행위를 할 것을 요구, 의뢰, 또는 교사하는 것을 방지하기 위하여 필요한 사항을 명할 수 있다.

② 공안위원회는 제10조 제2항의 규정에 위반하는 행위가 이루어지고 있고, 당해 위반하는 행위에 관련된 폭력적 요구행위 상대방의 생활의 평온 또는 업무수행의 평온을 해치고 있다고 인정하는 경우에는, 당해 위반하는 행위를 하고 있는 자에게 당해 위반하는 행위를 중지할 것을 명하거나 또는 당해 위반하는 행위가 중지되는 것을 확보하기 위하여 필요한 사항을 명할 수 있다.

제12조의2

공안위원회는 지정폭력단원이 그 소속하는 지정폭력단 등에 관한 다음 각 호의 업무에 관한 폭력적 요구행위를 한 경우에, 당해 업무에 종사하는 지정폭력단원이 당해 업무에 관하여 다시 반복하여 당해 폭력적 요구행위와 유사한 폭력적 요구행위를 할 우려가 있다고 인정하는 때에는, 각각 당해 각 호에 정한 지정폭력단원에게 1년을 초과하지 아니하는 범위 내에서 기간을 정하여 폭력적 요구행위가 당해 업무에 관련하여 행해지는 것을 방지하기 위하여 필요한 사항을 명할 수 있다.

1. 지정폭력단의 업무이고 수익을 목적으로 하는 것

당해 지정폭력단 등의 대표자 등

2. 전 호의 것 외 지정폭력단원이 그 대표자이거나, 또는 그 운영을 지배하는 법인, 기타 단체의 업무이며, 수익을 목적으로 하는 것

당해 법인, 기타 단체의 대표자이거나 또는 그 운영을 지배하는 지정폭력단원

3. 당해 지정폭력단원의 상위지정폭력단원(지정폭력단원이 그 소속하는 지정폭력단 등의 활동에 관련된 사항에 관하여 다른 지정폭력단원으로부터 지시 또는 명령을 받는 지위에 있는 경우에 당해 다른 지정폭력단원을 말한다. 이하 이 조에 있어서 같다)의 세력권 설정 또는 유지 업무

당해 상위지정폭력단원

4. 전 호의 것 외 당해지정폭력단원의 상위지정폭력단원의 업무이고 수익을 목적으로 하는 것

당해 상위 지정폭력단원

제12조의3(준폭력적 요구행위의 요구 등의 금지)

지정폭력단원은 타인에게 당해 지정폭력단원이 소속하는 지정폭력단 등 또는 그 계열상위 지정폭력단 등에 관련된 준폭력적 요구행위를 하도록 요구, 의뢰 또는 교사하여서는 안 된다.

제12조의4(준폭력적 요구행위의 요구 등에 대한 조치)

① 공안위원회는 지정폭력단원이 전조의 규정에 위반하는 행위를 한 경우에, 당해 지정폭력단원이 다시 반복하여 동 조의

규정에 위반하는 행위를 할 우려가 있다고 인정하는 때에는 당해 지정폭력단원에게 1년을 초과하지 아니하는 범위 내에서 기간을 정하여 동 조의 규정에 위반하는 행위를 하는 것을 방지하기 위하여 필요한 사항을 명할 수 있다.

② 공안위원회는 전항의 규정에 의한 명령을 하는 경우에, 전조의요구, 의뢰 또는 교사와 관련된 준폭력적 요구행위를 할 우려가 있다고 인정하는 때에는 당해 명령에 관련된 동 조의 규정에 위반하는 행위의 상대방에게 당해 준폭력적 요구행위를 해서는 안 된다는 취지의 지시를 한다.

제12조의5(준폭력적 요구행위의 금지)

① 다음 각 호의 하나에 해당하는 자는, 당해 각 호에 정한 지정폭력단 등 또는 그 계열상위 지정폭력단 등에 관한 준폭력적 요구행위를 해서는 안 된다.

1. 제12조 제1항의 규정에 의한 명령을 받은 자이고, 당해 명령을 받은 날부터 기산하여 3년을 경과하지 않은 자
   당해 명령에서 방지하려 한 폭력적 요구행위의 요구, 의뢰 또는 교사의 상대방인 지정폭력단원이 소속하는 지정폭력단 등

2. 제12조 제2항의 규정에 의한 명령을 받은 자이고 당해 명령을 받은 날부터 기산하여 3년을 경과하지 않은 자
   당해 명령에 관련된 폭력적 불법행위를 한 지정폭력단원이 소속하는 지정폭력단 등

3. 다음 조의 규정에 의한 명령을 받은 자이고 당해 명령을

받은 날부터 기산하여 3년을 경과하지 않은 자

당해 명령의 원인이 된 준폭력적 요구행위에서 그 자가 위력을 보인 지정폭력단 등

4. 전조 제2항의 규정에 의한 지시를 받은 자이고, 당해 지시가 있었던 날부터 기산하여 3년을 경과하지 않은 자

당해 지시에 관련된 제12조의3의 규정에 위반하는 행위를 한 지정폭력단원이 소속하는 지정폭력단 등

5. 지정폭력단원과의 사이에서 그 소속하는 지정폭력단 등의 위력을 보여 주는 것을 용인하는 대가로 금품 등을 지불하는 것을 합의한 자

당해지정폭력단 등

② 하나의 지정폭력단 등의 위력을 보이는 것을 상습으로 하는 자로서 다음 각 호의 하나에 해당하는 자는 당해 지정폭력단원 또는 그 계열상위 지정폭력단 등에 관련된 준폭력적 요구행위를 하여서는 안 된다.

1. 당해 지정폭력단 등의 지정폭력단원이 한 폭력적 불법행위 등 혹은 제8장에서 규정하는 죄에 해당하는 위법한 행위에 공범으로서 가담하거나, 또는 폭력적 불법행위에 관련된 죄 중 양도 혹은 양수 혹은 이것과 유사한 형태의 죄로서 국가공안위원회규칙으로 정하는 것에 해당하는 위법한 행위로 당해 지정폭력단 등의 지정폭력단원을 상대방으로 하는 것을 하여 형에 처하여진 자로서 그 집행을 종료, 또는 집행이 면제된 날로부터 기산하여 5년을 경과하지 않은 자

2. 당해 지정폭력단 등의 지정폭력단원이 그 대표자 혹은 그

운영을 지배하는 법인, 기타 단체의 임원, 혹은 사용인 기타 종업원 혹은 간부 기타 구성원 또는 당해 지정폭력단 등의 지정폭력단원의 사용인 기타 종업원

제12조의6(준폭력적 요구행위에 대한 조치)

① 공안위원회는 전조의 규정에 위반하는 준폭력적 요구행위가 있고, 그 상대방의 생활의 평온 또는 업무수행의 평온을 해하고 있다고 인정하는 경우에는 당해 준폭력적 요구행위를 하고 있는 자에게 당해 준폭력적 요구행위를 중지할 것을 명하거나 또는 당해 준폭력적 요구행위가 중지되는 것을 확보하기 위하여 필요한 사항을 명할 수 있다.

② 공안위원회는 전조의 규정에 위반하는 준폭력적 요구행위가 있었던 경우에 당해 준폭력적 요구행위를 한 자가 다시 반복하여 당해 준폭력적 요구행위와 유사한 준폭력적 요구행위를 할 우려가 있다고 인정한 때에는 그 자에게 1년을 초과하지 아니하는 범위 내에서 기간을 정하여 준폭력적 요구행위를 방지하기 위하여 필요한 사항을 명할 수 있다.

제2절 부당한 요구에 의한 피해회복 등을 위한 원조

제13조(폭력적 요구행위 또는 준폭력적 요구행위의 상대방에 대한 원조)

공안위원회는 제11조 또는 전조의 규정에 의한 명령을 한 경우(당해 명령에 관련된 폭력적 요구행위 또는 준폭력적 요구행위를

한 자가 당해 폭력적 요구행위 또는 준폭력적 요구행위에 따라 다음 각 호의 1에 해당하게 되는 것이라고 인정하는 경우에 한한다)에 당해 명령에 관련된 폭력적 요구행위 또는 준폭력적 요구행위의 상대방으로부터 그 자가 당해 폭력적 요구행위 또는 준폭력적 요구행위를 한 자에 대하여 각각 당해 각 호에서 규정하는 조치를 집행할 것을 요구함에 있어 원조를 받고 싶다는 취지의 신청이 있고, 그 신청이 상당하다고 인정하는 때에는 당해 상대방에 대하여 당해 폭력적 요구행위 또는 준폭력적 요구행위를 한 자에 대한 연락 기타 필요한 원조를 한다.

1. 금품 등의 공여를 받은 경우
   공여를 받은 금품 등을 반환하거나 또는 당해 금품 등의 가액에 상당하는 가액의 금품을 공여하는 것

2. 채무의 전부 또는 일부의 면제 또는 이행의 유예를 받은 경우
   면제 및 이행의 유예를 받기 전의 당해 채무를 이행하는 것

3. 정당한 권원에 근거하여 건물 또는 그 부지를 거주용 또는 사업용으로 제공하고 있었던 자에게 당해 건물 또는 그 부지를 명도하게 한 경우
   당해 건물 또는 부지를 인도하는 것 기타 당해 폭력적 요구행위 또는 준폭력적 요구행위가 있기 전의 원상을 회복하는 것

제14조(사업자에 대한 원조)

① 공안위원회는 사업자(사업을 하는 자로 사용인 기타 종업원

(이하 이 항에서 '사용인 등'이라고 한다)을 사용하는 자를 말한다. 이하 같다)에게 부당한 요구(폭력단원에 의하여 그 사업에 관하여 행사되는 폭력적 요구행위 기타 부당한 요구를 말한다. 이하 이 항 및 제32조의2 제2항에 제7호에서 같다)에 의한 피해를 방지하기 위하여 필요한 책임자(당해 사업에 관계된 업무의 실시를 통괄 관리하는 자로서 부당요구에 의한 사업자 및 사용인 등의 피해를 방지하기 위하여 필요한 업무를 하는 자를 말한다)의 선임, 부당요구에 대응하는 사용인 등의 대응방법에 관한 지도 기타 조치가 유효하게 행사되게 하기 위한 자료 제공, 조언 기타 필요한 원조를 한다.

② 공안위원회는 전항의 선임에 관련된 책임자의 업무를 적정하게 실시하게 하기 위하여 필요하다고 인정하는 때에는 국가공안위원회규칙에 정한 바에 의하여 당해 책임자에 대한 강습을 할 수 있다.

③ 사업자는 공안위원회로부터 제1항의 선임에 관련된 책임자에게 전항의 강습을 하는 취지의 통지를 받은 때에는 당해 책임자가 강습을 받게 하도록 노력하여야 한다.

제3장 대립항쟁 시 사무소의 사용제한

제15조

① 지정폭력단 등의 상호 간에 대립이 발생하여 당해 대립에 관련

된 지정폭력단 등의 지정폭력단원에 의하여 감행되거나 또는 당해 대립에 관련된 지정폭력단 등의 사무소(폭력단의 활동의 거점으로 되어 있는 시설 또는 설비의 구획된 부분을 말한다. 이하 같다) 혹은 지정폭력단원 혹은 그 거택에 감행된 일련의 흉기를 사용한 폭력행위(이하 이 항에 있어서 '대립항쟁'이라고 한다)가 발생한 경우에, 당해 대립에 관련된 지정폭력단 등의 사무소가 당해 대립항쟁에 관하여 당해 대립항쟁에 관련된 지정폭력단 등의 지정폭력단원에 의해 다음 각 호에 있는 용도로 제공하거나 또는 제공될 우려가 있고 이로 인해 부근 주민의 생활의 평온이 침해되거나 또는 침해될 우려가 있다고 인정하는 때에는 공안위원회는 당해 사무소를 현재 관리하고 있는 지정폭력단원(이하 '관리자'라고 한다)에게 3개월 이내의 기간을 정하여 당해 사무소를 당해 각 호의 용도로 제공하는 것 또는 당해 지정폭력단 등의 활동 용도로 제공하는 것을 금지할 것을 명할 수 있다. 이 경우에 그 명령의 유효기간이 경과한 후에 다시 명령할 필요가 있다고 인정할 때에는 1회에 한하여 3개월 이내의 기간을 정하여 그 명령의 기한을 연장할 수 있다.

1. 다수의 지정폭력단원의 집합용
2. 당해 대립항쟁을 위한 모의, 지휘명령 또는 연락용
3. 당해 대립항쟁에 제공될 우려가 있다고 인정되는 흉기 기타의 물건의 제조 또는 보관용

② 전항의 규정은 하나의 지정폭력단 등에 소속하는 지정폭력단원의 집단 상호 간에 대립이 발생하고 당해 대립에 관련된 집단에 소속하는 지정폭력단원에 의해 감행되거나 또는 당해 대립에 관

련된 지정폭력단 등의 사무소(그 관리자가 당해 대립에 관련된 집단에 소속하고 있는 것에 한한다) 또는 당해 대립에 관련된 집단에 소속하는 지정폭력단원 또는 그 주택에 감행되는 일련의 흉기를 사용한 폭력행위가 발생한 경우에 준용한다. 이 경우에 동 항 중 '사무소가'로 있는 것은 '사무소(그 관리자가 당해 대립에 관련된 집단에 소속되어 있는 것에 한한다)가'로, '지정폭력단 등의 지정폭력단원에 의한 다음의'로 있는 것은 '집단에 소속하는 지정폭력단원에 의한 다음의'로 '당해 지정폭력단원 등의 활동'으로 있는 것은 '당해 집단의 활동'으로, 동 항 제1호 중 '다수'로 있는 것은 '당해 집단에 소속하는 다수'로 대체한다.

③ 공안위원회는 제1항(전항에서 준용하는 경우를 포함한다. 이하 이 조에 있어서 같다)의 규정에 의한 명령을 한 때에는 당해 사무소 출입구의 잘 보이는 장소에 당해 관리자가 당해 사무소에 관하여 동 항의 명령을 받고 있는 취지를 고지하는 국가공안위원회규칙으로 정하는 표장을 부착하도록 한다.

④ 공안위원회는 전항의 규정에 의한 표장을 부착한 경우에 제1항의 규정에 근거하여 정해진 기한이 경과한 때 또는 당해 기한 내에 당해 표장을 부착한 사무소가 동 항 각 호의 용도로 제공될 우려가 없어졌다고 인정하는 때에는 당해 표장을 제거하여야 한다.

⑤ 누구라도 제3항의 규정에 의하여 부착된 표장을 손괴 또는 오손해서는 안 되고 또한 당해 표장을 부착한 사무소에 관련된 제1항의 규정에 근거하여 정하여진 기간이 경과한 후가 아니라면 이것을 제거해서는 안 된다.

제4장 가입강요의 규제 기타 규제 등

제1절 가입강요의 규제 등

제16조(가입 강요 등의 금지)

① 지정폭력단원은 소년(20세 미만의 자를 말한다. 이하 같다)에게 지정폭력단에 가입하는 것을 강요하거나 혹은 권유하거나 또는 소년이 지정폭력단 등으로부터 탈퇴하는 것을 방해해서는 안 된다.

② 전항에 규정된 것 외에 지정폭력단원은 타인을 협박하거나 그 자를 지정폭력단 등에 가입하는 것을 강요 또는 권유하거나 또는 그 자가 지정폭력단 등으로부터 탈퇴하는 것을 방해해서는 안 된다.

③ 지정폭력단원은 타인을 협박하여 그 자의 친족 또는 그 자가 고용한 자 기타 그 자와 밀접한 관계를 갖는 자로 국가공안위원회규칙으로 정하는 자(이하 이 항 및 제18조 제1항 및 제2항에 있어서 '밀접관계자'라고 한다)에 관련된 탈퇴금 등(밀접관계자의 폭력단으로부터의 탈퇴가 용인되는 것 또는 밀접관계자에 대한 폭력단에의 가입의 강요 또는 권유를 그만두는 대가로서 지불되는 금품 등을 말한다)을 지불하는 것 또는 밀접관계자의 주소 또는 주거지의 교시(敎示) 기타 밀접관계자에 관한 정보를 제공할 것을 강요하거나 권유하는 것, 그 밀접관계자를 지정폭력단 등에 가입시키거나, 밀접관

계자가 지정폭력단 등으로부터 탈퇴하는 것을 방해하기 위한 행위로서 국가공안위원회규칙에 정한 것을 해서는 안 된다.

제17조(가입강요 명령 등의 금지)

① 지정폭력단원은 그 부하 지정폭력단원(지정폭력단원이 그 소속하는 지정폭력단 등의 활동에 관련된 사항에 관하여 다른 지정폭력단원에게 지시 또는 명령을 할 수 있는 경우에 당해 다른 지정폭력단원을 말한다. 이하 같다)에게 전조 규정에 위반하는 행위를 하는 것을 명하거나 또는 그 부하 지정폭력단원이 동 조의 규정에 위반하는 행위를 하는 것을 조장하는 행위를 해서는 안 된다.

② 전항의 규정하는 것 외에 지정폭력단원은 다른 지정폭력단원에게 전조의 규정에 위반하는 행위를 하는 것을 의뢰 또는 교사하거나 또는 다른 지정폭력단원이 동 조의 규정에 위반하는 행위를 하는 것을 도와주어서는 안 된다.

제18조(가입강요 등에 대한 조치)

① 공안위원회는 지정폭력단원이 제16조의 규정에 위반하는 행위를 하고 있고, 그 상대방이 곤혹스러워하고 있다고 인정하는 경우에는 당해 지정폭력단원에게 당해 행위를 중지할 것을 명하거나 또는 당해 행위가 중지되도록 하기 위하여 필요한 사항(당해 행위가 동 조 제3항의 규정에 위반하는 행위인 때에는 당해 행위에 관계된 밀접관계자가 지정폭력단 등에 강제로 가입되거나 또는 지정폭력단 등으로부터 탈퇴를 방해

되는 것을 방지하기 위해 필요한 사항을 포함한다)을 명할
수 있다.

② 공안위원회는 지정폭력단원이 제16조의 규정에 위반하는 행
위를 한 경우에, 당해 지정폭력단원이 다시 반복하여 동 조
의 규정에 위반하는 행위를 할 우려가 있다고 인정하는 때에
는 당해 지정폭력단원에게 1년을 넘지 않는 범위 내에 기간
을 정하여 동 조 제1항 또는 제2항의 규정에 위반하는 행위
의 상대방 또는 동 조 제3항의 규정에 위반하는 행위에 관련
된 밀접관계자를 지정폭력단 등에 가입할 것을 강요하거나
권유하거나 또는 이와 같은 자들이 당해 지정폭력단 등으로
부터 탈퇴를 방해하는 것을 방지하기 위해서 필요한 사항을
명할 수 있다.

③ 공안위원회는 지정폭력단원이 제16조 제1항의 규정에 위반하
는 행위를 하고 동시에 당해 행위에 관계된 소년이 당해 지
정폭력단 등에 가입하거나 또는 당해 지정폭력단 등으로부터
탈퇴하지 않은 경우에 가입이나 탈퇴하지 않은 것이 당해 소
년의 의사에 반한다고 인정되거나 당해 소년의 보호자가 당
해 소년의 탈퇴를 구하고 있는 때에는 당해 지정폭력단원에
게 당해 소년을 당해 지정폭력단 등으로부터 탈퇴시키기 위
하여 필요한 사항을 명할 수 있다.

제19조

공안위원회는 지정폭력단원이 제17조의 규정에 위반하는 행위를
한 경우에, 당해 지정폭력단원이 다시 반복하여 동 조의 규정에 위

반하는 행위를 할 우려가 있다고 인정하는 때에는 당해 지정폭력단원에게 1년을 초과하지 않는 범위 내에서 기간을 정하여 그 부하 지정폭력단원에 대하여 제16조의 규정에 위반하는 행위를 하는 것을 명하거나 또는 그 부하 지정폭력단원이 동 조의 규정에 위반하는 행위를 할 것을 조장하는 행위를 하는 것을 방지하기 위하여 필요한 사항 또는 다른 지정폭력단원에 대하여 동 조의 규정에 위반하는 행위를 하는 것을 의뢰하거나 또는 교사하는 것 또는 다른 지정폭력단원이 동 조의 규정에 위반하는 행위를 하는 것을 돕는 것을 방지하기 위하여 필요한 사항을 명할 수 있다.

제20조(단지강요 등의 금지)

지정폭력단원은 다른 지정폭력단원에게 단지(폭력단원이 그 소속하는 폭력단의 통제에 반하는 행위를 한 것에 대해 사죄 또는 그 소속하는 폭력단으로부터의 탈퇴를 용인받는 것의 대가로 기타 이와 유사한 취지로 그 손가락의 전부 또는 일부를 스스로 잘라 내는 것을 말한다. 이하 이 조 및 제22조 제2항에서 같다)를 강요하거나 권유하거나 또는 단지에 사용하는 기구의 제공 기타 행위로 다른 지정폭력단원이 단지하는 것을 보조해서는 안 된다.

제21조(단지강요 명령 등의 금지)

① 지정폭력단원은 그 부하 지정폭력단원에게 전조의 규정에 위반하는 행위를 명하거나 또는 그 부하 지정폭력단원이 동 조의 규정에 위반하는 행위를 하는 것을 조장하는 행위를 해서는 안 된다.

② 전항에서 규정하는 것 외에 지정폭력단원은 다른 지정폭력단원에게 전조의 규정에 위반하는 행위를 의뢰하거나 또는 교사하거나 또는 다른 지정폭력단원이 동 조의 규정에 위반하는 행위를 하는 것을 도와서는 안 된다.

제22조(단지강요 등에 대한 조치)

① 공안위원회는 지정폭력단원이 제20조의 규정에 위반하는 행위를 하고 있는 경우에는 당해 지정폭력단원에게 당해 행위를 중지할 것을 명하거나 또는 당해 행위가 중지되는 것을 확보하기 위하여 필요한 사항을 명할 수 있다.

② 공안위원회는 지정폭력단원이 제20조의 규정에 위반하는 행위를 한 경우에 당해 지정폭력단원이 다시 반복하여 동 조의 규정에 위반하는 행위를 할 우려가 있다고 인정하는 때에는 당해 지정폭력단원에게 1년을 초과하지 않는 범위 내에서 기간을 정하여 다른 지정폭력단원에게 단지를 강요하거나 권유하는 것 또는 단지에 사용하는 기구의 제공 기타 행위에 의해 다른 지정폭력단원이 단지하는 것을 보조하는 것을 방지하기 위하여 필요한 사항을 명할 수 있다.

제23조

공안위원회는 지정폭력단원이 제21조의 규정에 위반하는 행위를 한 경우에 당해 지정폭력단원이 다시 반복하여 동 조의 규정에 위반하는 행위를 할 우려가 있다고 인정하는 때에는 당해 지정폭력단원에게 1년을 초과하지 않는 범위 내에서 기간을 정하여 그 부하 지정폭력단원에 대하여 제20조의 규정에 위반하는 행위를 하는 것을 명하거나 또는 그 부하 폭력단원이 동 조의 규정에 위반하는 행위를 하는 것을 조장하는 행위를 하는 것을 방지하기 위해 필요한 사항 또는 다른 지정폭력단원에 대한 동 조의 규정에 위반하는 행위를 의뢰하거나 교사하거나 또는 다른 지정폭력단원이 동 조의 규정에 위반하는 행위를 하는 것을 도와주는 것을 방지하기 위하여 필요한 사항을 명할 수 있다.

제24조(소년에 대한 문신강요 등의 금지)

지정폭력단원은 소년에게 문신을 시술하고, 소년에 대하여 문신을 강요하거나 또는 권유하거나 자금 제공, 시술의 알선 기타 행위에 의해 소년이 문신을 받는 것을 보조하여서는 안 된다.

제25조(소년에 대한 문신강요 요구 등의 금지)

지정폭력단원은 다른 지정폭력단원에게 전조의 규정에 위반하는 행위를 요구, 의뢰 또는 교사하고 또는 다른 지정폭력단원이 동 조의 규정에 위반하는 행위를 하는 것을 도와서는 안 된다.

제26조(소년에 대한 문신강요 등에 대한 조치)

① 공안위원회는 지정폭력단원이 제24조의 규정에 위반하는 행위를 하고 있고, 당해 행위에 관련된 소년이 곤혹스러워하고 있다고 인정되거나 또는 당해 행위가 당해 소년의 보호자의 의사에 반한다고 인정하는 경우에는 당해 지정폭력단원에게 당해 행위를 중지할 것을 명하거나 또는 당해 행위가 중지되

는 것을 확보하기 위하여 필요한 사항을 명할 수 있다.

② 공안위원회는 지정폭력단원이 제24조의 규정에 위반하는 행위를 한 경우에 당해 지정폭력단원이 다시 반복하여 동 조의 규정에 위반하는 행위를 할 우려가 있다고 인정하는 때에는 당해 지정폭력단원에게 1년을 초과하지 않는 범위 내에서 기간을 정하여 소년에게 문신을 시술하는 것, 소년에게 문신을 하도록 강요하고 또는 권유하는 것 또는 자금의 제공, 시술의 알선 기타 행위에 의하여 소년이 문신을 받는 것을 보조하는 것을 방지하기 위하여 필요한 사항을 명할 수 있다.

제27조

공안위원회는 지정폭력단원이 제25조의 규정에 위반하는 행위를 한 경우에 당해 지정폭력단원이 다시 반복하여 동 조의 규정에 위반하는 행위를 할 우려가 있다고 인정하는 때에는 당해 지정폭력단원에게 1년을 초과하지 아니하는 범위 내에서 기간을 정하여 다른 지정폭력단원에게 제24조의 규정에 위반하는 행위를 할 것을 요구, 의뢰, 또는 교사하는 것 또는 다른 지정폭력단원이 동 조의 규정에 위반하는 행위를 하는 것을 도와주는 것을 방지하기 위하여 필요한 사항을 명할 수 있다.

제28조(이탈의 의지를 갖고 있는 자에 대한 원호 등)

① 공안위원회는 폭력단으로부터 이탈하려는 의지를 갖고 있는 자(이하 이 조에 있어서 '이탈희망자'라고 한다) 기타 관계자를 대상으로 이탈희망자를 취업환경에 원활하게 적응하게 하

는 것의 촉진, 이탈희망자가 폭력단으로부터 탈퇴하는 것을 방해하는 행위의 예방 및 이탈희망자에 대한 보도(補導 - 도와서 잘 이끌어 감), 기타 원호(援護 - 돕고 보살펴 줌), 기타 이탈희망자의 폭력단으로부터의 이탈과 사회경제활동에의 참가를 확보하기 위하여 필요한 조치를 강구한다.

② 공안위원회는 폭력단으로부터 이탈한 자가 취직 등을 통하여 사회경제활동에 참가하는 것의 중요성에 대하여 주민 및 사업자의 관심을 높이고, 폭력단으로부터 이탈한 자에 대한 원호에 관한 사상을 보급하기 위한 계발을 널리 행한다.

③ 공안위원회는 제1항의 조치를 실시하기 위하여 필요한 한도에서 이탈희망자의 상황에 관하여 제32조의2 제1항의 규정에 의해 지정한 도도부현 폭력추방운동추진센터에 보고를 요구할 수 있다.

제2절 사무소 등에 있어서 금지행위 등

제29조(사무소 등에 있어서 금지행위)

지정폭력단원은 다음 행위를 해서는 안 된다.

1. 지정폭력단 등의 사무소(이하 이 조 및 제33조 제1항에서 간단히 '사무소'라고 한다)의 외부에, 또는 외부에서 볼 수 있는 상태로 그 내부에 부근 주민 또는 통행인에게 불안을 느끼게 할 우려가 있는 표시 또는 물품으로 국가공안위원회규칙이 정하는 것을 게시하거나 설치하는 것.

2. 사무소 또는 그 주변에서 현저하게 천하고 난폭한 언동을
   하거나 또는 위세를 보이는 것에 의하여 부근 주민 또는
   통행인에게 불안감을 느끼게 하는 것.
3. 타인에게 채무의 이행 기타의 국가공안위원회규칙으로 정
   하는 용무를 보는 장소로서 사무소를 이용하는 것을 강요
   하는 것.

제30조(사무소 등에 있어서 금지행위에 대한 조치)

공안위원회는 지정폭력단원이 전조의 규정에 위반하는 행위를
하여 부근 주민 또는 통행인 또는 당해 행위 상대방의 생활의 평온
또는 업무수행의 평온을 해하고 있다고 인정하는 경우에는 당해
지정폭력단원에게 당해 행위를 중지할 것을 명하거나 당해 행위가
중지되는 것을 확보하기 위하여 필요한 사항을 명할 수 있다.

제3절 손해배상청구 등의 방해 규제

제30조의2(손해배상청구 등의 방해 금지)

지정폭력단원은 다음에 있는 청구를 하거나 하려는 자(이하 이 조
에 있어서 '청구자'라고 한다)를 협박하고, 청구자 또는 그 배우자,
직계 또는 동거 친족 기타 청구자와 사회생활에서 밀접한 관계를
갖는 자로서 국가공안위원회규칙으로 정하는 자(제30조의4 및 제30
조의5 제1항 제3호 및 제4호에서 '배우자 등'이라 한다)를 따라다니
고, 기타 청구자를 불안하게 하는 방법으로 방해해서는 안 된다.

1. 당해 지정폭력단원 기타 당해 지정폭력단원이 소속하는 지정폭력단 등의 지정폭력단원이 한 불법행위로 피해를 입은 자가 당해 불법행위를 한 지정폭력단원 기타 당해 피해 회복에 관하여 책임을 부담해야 할 당해 지정폭력단 등의 지정폭력단원에게 하는 손해배상청구 기타 당해 피해를 회복하기 위한 청구

2. 당해 지정폭력단원이 소속한 지정폭력단 등의 사무소(사무소로 하기 위하여 정비 중인 시설 또는 시설의 구획된 부분을 포함한다. 이하 이 호에 있어서 같다) 부근 주민 기타의 자로 당해 사무소 또는 그 주변에 있는 당해 지정폭력단 등의 지정폭력단원의 행위로 그 생활의 평온 또는 업무 수행의 평온을 침해받고 있는 자 또는 당해 사무소의 사용에 제공된 건물 또는 토지(이하 이 호에 있어서 '건물 등'이라고 한다)의 소유권 기타 당해 건물 등에 관하여 사용 또는 수익할 권리 또는 당해 건물 등에 관련된 담보권을 갖는 자로 당해 지정폭력단 등의 지정폭력단원의 행위로 당해 권리를 침해받고 있는 자가 당해 사무소에 관련된 관리자에게 하는 당해 행위의 정지 또는 당해 사무소의 사용 금지 청구 기타 당해 사무소를 당해 지정폭력단 등의 지정폭력단원에게 사용하지 못하도록 하기 위한 청구

제30조의3(손해배상청구 등의 방해에 대한 조치)

공안위원회는 지정폭력단원이 전조의 규정에 위반하는 행위를 하는 경우에는 당해 지정폭력단원에게 당해 행위를 중지하는 것을

명하거나, 또는 당해 행위가 중지될 것을 확보하기 위하여 필요한
사항을 명할 수 있다.

제30조의4(손해배상청구 등의 방해를 방지하기 위한 조치)

공안위원회는 제30조의2 각 호의 청구가 있었던 경우에 당해 청
구의 상대방인 지정폭력단원이 당해 청구에 관련된 청구자 또는
그 배우자 등의 생명, 신체 또는 재산에 위험을 가하는 방법으로
동 조의 규정에 위반하는 행위를 할 우려가 있다고 인정하는 때에
는 당해 지정폭력단원에게 1년을 초과하지 않는 범위 내에서 기간
을 정하여 동 조의 규정에 위반하는 행위를 방지하기 위하여 필요
한 사항을 명할 수 있다.

제4절 폭력행위 찬양 등의 규제

제30조의5

① 공안위원회는 지정폭력단원이 다음 각 호의 1에 해당하는 폭
력행위를 감행하여 형에 처하여진 경우에 당해 지정폭력단원
이 소속하는 지정폭력단 등의 다른 지정폭력단원이 당해 폭
력행위의 감행을 찬양 또는 위로할 목적으로 당해 지정폭력
단원에게 금품 등의 공여를 할 우려가 있다고 인정하는 때에
는 당해 다른 지정폭력단원 또는 당해 지정폭력단원에 대하
여 기간을 정하여 당해 금품 등의 공여를 해서는 안 되며 또
는 이것을 받아서는 안 된다는 취지를 명할 수 있다. 단, 당

해 명령 기간의 종기(終期)는 당해 형의 집행을 종료하거나
또는 집행이 면제된 날로부터 5년을 경과한 날을 초과해서는
안 된다.

1. 당해 지정폭력단 등과 다른 지정폭력단 등과의 사이에 대
   립이 발생하고, 이로 인해 당해 다른 지정폭력단 등의 사
   무소 또는 지정폭력단원 또는 그 주택에 대하여 흉기를 사
   용한 폭력행위가 발생한 경우에 당해 폭력행위

2. 당해 지정폭력단 등에 소속한 지정폭력단원 집단 상호 간
   에 대립이 발생하고 이로 인해 당해 대립에 관련된 지정폭
   력단 등의 사무소(그 관리자가 당해 대립에 관련된 집단에
   소속하고 있는 것에 한한다) 또는 당해 대립에 관련된 집
   단에 소속하는 지정폭력단원 또는 그 주택에 대하여 흉기
   를 사용한 폭력행위가 발생한 경우에 당해 폭력행위

3. 당해 지정폭력단 등의 지정폭력단원이 한 폭력적 요구행위
   를 그 상대방이 거절한 경우에 여기에 보복하거나 또는 당
   해 상대방을 당해 폭력적 요구행위에 응하게 할 목적으로
   당해 상대방 또는 그 배우자 등에 대하여 하는 폭력행위

4. 제30조의2 각 호의 청구를 방해할 목적 또는 당해 청구가
   있었던 것에 보복할 목적으로 당해 청구를 하거나, 하려는
   자 또는 그 배우자 등에게 하는 폭력행위

② 공안위원회는 전항의 규정에 의한 명령을 하는 경우에 당해
   명령의 기간을 경과하기 전에 동 항에서 규정하는 우려가 없
   다고 인정됨에 이른 때에는 신속하게 당해 명령을 취소하여
   야 한다.

제5장 지정폭력단 대표자 등의 손해배상책임

제31조(대립항쟁 등에 관련된 손해배상책임)

① 지정폭력단의 대표자 등은 당해 지정폭력단과 다른 지정폭력단과의 사이에 대립이 발생하여, 이로 인해 당해 지정폭력단 지정폭력단원에 의한 폭력행위(흉기를 사용하는 것에 한한다. 이하 이 조에 있어서 같다)가 발생한 경우에, 당해 폭력행위로 타인의 생명, 신체 또는 재산을 침해한 때에는 이로 인해 발생한 손해를 배상할 책임을 진다.

② 하나의 지정폭력단에 소속하는 지정폭력단원 집단 상호 간에 대립이 발생하고, 이로 인해 당해 대립에 관련된 집단에 소속하는 지정폭력단원에 의한 폭력행위가 발생한 경우에 당해 폭력행위로 타인의 생명, 신체 또는 재산을 침해한 때에도 전항과 같다.

제31조의2(위력이용 자금획득행위에 관련한 손해배상책임)

지정폭력단의 대표자 등은 당해 지정폭력단 지정폭력단원이 위력이용 자금획득행위(당해 지정폭력단의 위력을 이용하여 생계의 유지, 재산의 형성 또는 사업의 수행을 위한 자금을 얻거나 또는 당해 자금을 얻기 위하여 필요한 지위를 얻는 행위를 말한다. 이하 이 조에서 같다)를 하는 것에 관해서 타인의 생명, 신체 또는 재산을 침해한 때에는 이로 인해 발생한 손해를 배상할 책임을 진다. 단 다음의 경우에는 그러하지 않다.

1. 당해 대표자 등이 당해 대표자 등 이외의 당해 지정폭력단 지정폭력단원이 하는 위력이용 자금획득행위로 인해 직·간접으로 그 생계의 유지, 재산의 형성 혹은 사업의 수행을 위한 자금이나, 또는 당해 자금을 얻기 위하여 필요한 지위를 얻지 않았을 때

2. 당해 위력이용 자금획득행위가 당해 지정폭력단 지정폭력단원 이외의 자가 오로지 자기의 이익을 도모할 목적으로 당해 지정폭력단원에게 강요한 것에 의해 행해진 것이며, 당해 위력이용 자금획득행위가 있었던 것에 관하여 당해 대표자 등에게 과실이 없을 때

제31조의3(민법의 적용)

지정폭력단 대표자 등의 손해배상 책임은 전 2조의 규정 외에 민법(1896년 29년 법률 제89호)의 규정에 의한다.

제6장 폭력단원에 의한 부당한 행위의 방지 및 이것에 의한 부당한 영향의 배제를 위한 민간활동의 촉진

제32조(국가 및 지방공공단체의 책무)

① 국가 및 지방공공단체는 사업자, 국민 또는 이러한 자가 조직하는 민간단체(다음 항에서 '사업자 등'이라고 한다)가 자발적으로 하는 폭력배제활동(폭력단원에 의한 부당한 행위의 방

지 및 이것에 의해 사업활동 또는 시민생활에서 발생한 부당한 영향을 배제하기 위한 활동을 말한다. 동 항에 있어서 같다)의 촉진을 도모하기 위하여 정보의 제공, 조언, 지도 기타 필요한 조치를 강구한다.

② 국가 및 지방공공단체는 사업자 등이 안심하고 폭력적 배제활동 실시에 몰두할 수 있도록 그 안전 확보를 배려해야 한다.

제32조의2(도도부현 폭력추방운동추진센터)

① 공안위원회는 다음 각 호의 요건 모두에 해당한다고 인정되는 자를 그 신청에 의해 도도부현 하나에 한정하여 도도부현 폭력추방운동추진센터(이하 '도도부현센터'라고 한다)로 지정할 수 있다.

1. 폭력단원에 의한 부당한 행위의 방지 및 이것에 의한 피해의 구제에 기여하는 것을 목적으로 하는 일반사단법인 또는 일반재단법인일 것.

2. 다음 항 제3호부터 제5호까지의 사업(이하 '상담사업'이라고 한다)에 관련된 상담의 신청인, 폭력단의 영향을 받고 있는 소년 또는 폭력단으로부터 이탈하려는 의지를 갖고 있는 자(제3항에 있어서 '상담의 신청인 등'이라고 한다)에 대한 조언에 관하여 전문적 지식, 경험을 가진 자로서 국가공안위원회규칙에서 정하는 자(이하 '폭력추방상담위원'이라고 한다)를 두고 있을 것.

3. 기타 다음 항에 규정하는 사업을 적정하고 확실하게 하기 위해 필요한 것으로서 국가공안위원회규칙이 정하는 기준

에 적합할 것.

② 도도부현센터는 당해 도도부현의 구역에서 다음 사업을 한다.

　1. 폭력단원에 의한 부당한 행위의 예방에 관한 지식의 보급 및 사상의 고양을 도모하기 위한 홍보활동을 하는 것.

　2. 폭력단원에 의한 부당한 행위의 예방에 관한 민간의 자주적인 조직활동을 돕는 것.

　3. 폭력단원에 의한 부당한 행위에 관한 상담에 응하는 것.

　4. 소년에 대한 폭력단의 영향을 배제하기 위하여 활동을 하는 것.

　5. 폭력단으로부터 이탈하려는 의지를 가지고 있는 자를 돕기 위하여 활동을 하는 것.

　6. 공안위원회의 위탁을 받은 제14조 제2항의 강습을 하는 것.

　7. 부당요구정보관리기관(부당요구에 관하여 정보의 수집 및 사업자에 대하여 당해 정보의 제공을 업으로 하는 자를 말한다)의 업무를 돕는 것.

　8. 폭력단원에 의한 부당한 행위의 피해자에게 위로금의 지급, 민사소송의 지원 기타 원호를 하는 것.

　9. 풍속영업 등의 규제 및 업무의 적정화 등에 관한 법률 (1948년 법률 제122호) 제38조에 규정하는 소년지도위원에게 제4호의 사업목적을 달성하기 위하여 필요한 연수를 하는 것.

　10. 전 각 호의 사업에 부대하는 사업

③ 도도부현센터는 상담사업을 함에 있어서 상담의 신청인 등에 대한 조언에 관해서는 폭력추방상담위원에게 하도록 하여야

한다.

④ 도도부현센터는 주민으로부터 폭력단원에 의한 부당한 행위에 관한 상담의 신청이 있는 때에는 그 상담에 응하여 신청인에게 필요한 조언을 하고 그 상담에 관한 사항의 신속하고 적절한 해결에 노력하여야 한다.

⑤ 공안위원회는 도도부현센터의 재산 상황 또는 그 사업의 운영에 관하여 개선이 필요하다고 인정하는 때에는 도도부현센터에 대하여 그 개선에 필요한 조치를 찾기 위해 해야만 하는 일을 명할 수 있다.

⑥ 공안위원회는 도도부현센터가 전항의 규정에 의한 명령에 위반한 때에는 제1항의 지정을 취소할 수 있다.

⑦ 도도부현센터의 임원 또는 직원(폭력추방상담위원을 포함한다) 또는 이러한 직에 있었던 자는 상담사업에 관한 업무에 관하여 지득한 비밀을 누설해서는 안 된다.

⑧ 도도부현센터는 그 업무의 운영에 관하여 도도부현 경찰과 밀접하게 연락하고, 도도부현경찰은 도도부현센터에 대하여 그 업무의 원활한 운영을 도모하도록 필요한 배려를 한다.

⑨ 제1항의 지정 절차 기타 도도부현센터에 관하여 필요한 사항은 국가공안위원회규칙으로 정한다.

제32조의3(전국폭력추방운동추진센터)

① 국가공안위원회는 폭력단원에 의한 부당한 행위의 방지 및 이에 의한 피해의 구제에 기여하는 것을 목적으로 하는 일반사단법인 또는 일반재단법인으로 다음 항에 규정하는 사업을

적정하고 확실하게 할 수 있다고 인정되는 법인을 그 신청에 의하여 전국에 하나에 한하여 전국폭력추방운동추진센터(이하 「전국센터」라고 한다)로서 지정할 수 있다.

② 전국센터는 다음 사업을 한다.

1. 폭력단원에 의한 부당한 행위의 예방에 관한 지식의 보급 및 사상의 고양을 도모하기 위하여 2 이상의 도도부현 구역에서 홍보활동을 하는 것.

2. 폭력추방상담위원 기타 도도부현센터의 업무를 하는 자에 대한 연수를 하는 것.

3. 소년의 건전한 육성 및 폭력단의 영향 기타 폭력단이 시민생활에 미치는 영향에 관한 조사연구를 하는 것.

4. 도도부현센터의 사업에 관하여 연락조정을 하는 것.

5. 전 각 호의 사업에 부대하는 사업

③ 전조 제5항, 제6항, 제8항 및 제9항의 규정은 전국센터에 관하여 준용한다. 이 경우에 동 조 제5항 및 제6항 중 '공안위원회'는 '국가공안위원회'로, 동 조 제8항 중 '도도부현경찰'은 '국가공안위원회 및 경찰청'으로 대체하기로 한다.

제7장 잡칙

제33조(보고 및 출입)

① 공안위원회는 이 법률의 시행에 필요하다고 인정하는 때에는

국가공안위원회규칙에서 정하는 바에 의하여 이 법률의 시행에 필요한 한도에서 지정폭력단원 기타 관계자에 대한 보고 또는 자료의 제출을 요구하거나 또는 경찰직원이 사무소에 입회하여 물건을 검사하게 하거나 또는 지정폭력단원 기타 관계자에게 질문하게 할 수 있다.

② 전항의 규정에 의한 출입검사를 하는 직원은 그 신분을 나타내는 증명서를 휴대하고 관계자에게 제시하여야 한다.

③ 제1항의 규정에 의한 출입검사의 권한은 범죄수사를 위해 인정되는 것으로 해석해서는 안 된다.

제34조(의견청취)

① 공안위원회는 제11조 제2항, 제12조 제1항, 제12조의2, 제12조의4 제1항, 제12조의6 제2항, 제15조 제1항(동 조 제2항에서 준용하는 경우를 포함한다. 다음 조, 제39조 및 제42조 제1항에 있어서 같다), 제18조 제2항 또는 제3항, 제19조, 제22조 제2항, 제23조, 제26조 제2항, 제27조, 제30조의4 또는 제30조의5 제1항의 규정에 의한 명령을 하려는 때에는 공개에 의한 의견청취를 하여야 한다. 단 명령에 관련된 자가 한 폭력적 요구행위 또는 준폭력적 요구행위, 제16조 또는 제24조의 규정에 위반하는 행위 또는 제30조의5 제1항에서 규정하는 폭력행위의 상대방 또는 제30조의4에 규정하는 청구자 또는 그 배우자 등에 관련된 개인의 비밀 또는 사업상의 비밀의 보호를 위하여 부득이하다고 인정하는 때에는 의견청취를 공개하지 않을 수 있다.

② 전항의 의견청취를 하는 경우에 공안위원회는 당해 명령에 관련된 자에 대하여 명령을 하려는 이유 및 의견청취 기일 및 장소를 상당기간을 두고서 통지하고 동시에 의견청취의 기일 및 장소를 공시하여야 한다.

③ 의견청취에 임하여 당해 명령에 관련된 자 또는 그 대리인은 당해 사안에 대하여 의견을 진술하고 유리한 증거를 제출할 수 있다.

④ 제12조의2의 규정에 의한 명령에 관련된 제1항의 의견청취를 하는 경우에 당해 명령에 관련된 자가 당해 명령에 관련된 폭력적 요구행위를 한 지정폭력단원의 출석 및 의견 진술을 구한 때에는 공안위원회는 이것을 허가할 수 있다.

⑤ 공안위원회는 당해 명령에 관련된 자 또는 그 대리인이 정당한 이유 없이 출석하지 않는 때 또는 당해 명령에 관련된 자의 소재가 불명하여 제2항의 규정에 의한 통지를 할 수 없고, 동 항의 규정에 의한 공시된 날로부터 기산하여 30일을 경과하여도 그 자의 소재가 판명되지 않은 때에는 제1항의 규정에도 불구하고 의견청취를 하지 않고 동 항에 규정한 명령을 할 수 있다.

⑥ 전 각 항에 정한 것 외에 제1항의 의견청취 실시에 관하여 필요한 사항은 국가공안위원회규칙으로 정한다.

제35조(가명령)

① 공안위원회는 긴급을 요하는 경우에는 전조 제1항의 규정에도 불구하고 동 항의 의견청취를 하지 않고 임시로 제11조

제2항, 제12조의4 제1항, 제12조의6 제2항, 제15조 제1항, 제18조 제2항, 제19조, 제22조 제2항, 제23조, 제26조 제2항, 제27조, 제30조의4 또는 제30조의5 제1항의 규정(이하 이 조에서 '제11조 제2항, 제12조의4 제1항, 제12조의6 제2항 등의 규정'을 말한다)에 의한 명령을 할 수 있다.

② 전항 규정에 의한 명령(이하 '가명령'이라고 한다)의 효력은 가명령한 날로부터 기산하여 15일로 한다.

③ 공안위원회는 가명령을 한 때에는 당해 가명령을 한 날로부터 기산하여 15일 이내에 공개에 의한 의견청취를 하여야 한다.

④ 공안위원회가 한 가명령이 제15조 제1항, 제30조의4 및 제30조의5 제1항에 관련된 것 이외의 것인 경우에 당해 가명령을 받은 자의 당해 가명령에 관련된 위반행위를 한 때의 주소(당해 위반행위를 한 자가 지정폭력단원인 경우에 당해 지정폭력단원의 주소가 명확하지 않은 때에는 당해 지정폭력단원이 소속하는 지정폭력단 등의 주된 사무소. 이하 이 항에서 '주소 등'이라고 한다)가 당해 가명령을 한 공안위원회 이외의 공안위원회 관할구역 내에 존재하는 때에는 당해 가명령을 한 공안위원회는 전항의 규정에도 불구하고 동 항의 의견청취를 하지 않고 신속하게 당해 가명령을 한 취지를 그 자의 주소 등의 소재지를 관할하는 공안위원회에 통지하여야 하다. 이 경우에 통지를 받은 공안위원회는 당해 가명령의 명령이 있었던 날로부터 기산하여 15일 이내에 공개의 의한 의견청취를 하여야 한다.

⑤ 전조 제1항 단서, 제2항, 제3항 및 제6항의 규정은 전 2항의

의견청취에 대하여 준용한다. 이 경우에 동 조 제2항 중 '명령을 하려는 이유'는 '가명령을 한 이유'로, '상당한 기간에 두고서'는 '신속하게'로 대체한다.

⑥ 공안위원회는 제3항 또는 제4항의 의견청취 결과, 가명령이 부당하지 않다고 인정한 때에는 전조 제1항의 규정에도 불구하고 동 항의 의견청취를 하지 않고 제11조 제2항 등의 규정에 의한 명령을 할 수 있다.

⑦ 제11조 제2항의 규정에 의한 명령을 한 때에는 가명령은 그 효력을 잃는다.

⑧ 공안위원회는 제3항 또는 제4항의 의견청취 결과 가명령이 부당하다고 인정한 경우에는 즉시 그 명령의 효력을 잃게 하여야 한다.

⑨ 가명령에 관련된 자의 소재가 불명하기 때문에 제5항에서 준용하는 전조 제2항의 규정에 의한 통지를 할 수 없는 것에 의해 또는 가명령에 관련된 자 또는 그 대리인이 출석하지 않는 것에 의해 제3항 또는 제4항의 의견청취를 할 수 없고, 동시에 다음의 명령을 하기 위하여 당해 가명령이 있었던 날부터 기산하여 15일 이내에 동 조 제1항의 의견청취에 관련된 동 조 제2항의 규정에 의한 공시가 되어 있을 때에는 제2항의 규정에도 불구하고 당해 가명령의 효력은 당해 의견청취의 기일(동 조 제5항의 규정에 해당하는 경우에는 당해 의견청취에 관련된 공시를 한 날로부터 기산하여 30일을 경과한 날)까지로 한다.

1. 당해 가명령에 관련된 위반행위에 관한 제11조 제2항 등의

규정(제15조 제1항, 제30조의4 및 제30조의5 제1항의 규정을 제외한다)에 의한 명령

2. 당해 가명령에 관련된 지정폭력단 등의 사무소에 관한 제15조 제1항의 규정에 의한 명령

3. 당해 가명령에 관련된 청구에 관한 제30조의4의 규정에 의한 명령

4. 당해 가명령에 관련된 폭력행위에 관한 제30조의5 제1항에 의한 명령

제36조(공안위원회의 보고 등)

① 공안위원회는 폭력단의 활동상황, 폭력단의 사무소 소재지 기타 폭력단의 실태를 파악하고 이에 관한 사항을 국가공안위원회에 보고하여야 한다.

② 국가공안위원회는 전항의 규정에 의한 보고에 근거하여 보고에 관련된 폭력단의 주된 사무소로 인정되는 사무소를 결정하고 그 취지를 각 공안위원회에 통보한다.

③ 공안위원회는 지정폭력단원에 대하여 이 법률의 규정에 의한 명령을 한 경우에 당해 명령의 내용, 명령의 일시 기타 지정폭력단 등 또는 지정폭력단원에 관련된 사항으로서 국가공안위원회가 정하는 것을 국가공안위원회에 보고하여야 한다. 이 경우에 국가공안위원회는 당해 보고에 관련된 사항을 각 공안위원회에 통보한다.

④ 공안위원회는 제3조 및 제4조의 규정에 의한 지정 및 이 법률의 규정에 의한 명령을 함에 있어서 필요한 때에는 관공서

에 이 지정 또는 명령을 하기 위하여 참고가 되는 자료의 열람 또는 제공 기타 협력을 구할 수 있다.

제37조(불복신청 등)

① 제3조 또는 제4조의 규정에 의한 지정에 불복하는 자는 국가공안위원회에 심사청구를 할 수 있다.

② 국가공안위원회는 지정폭력단 등의 지정에 관한 심사청구에 대한 재결에서는 국가공안위원회규칙에서 정하는 바에 따라 심사전문위원의 의견을 청취하여야 한다.

③ 지정폭력단 등의 지정의 취소를 구하는 소송은 당해 지정에 관한 심사청구에 대한 국가공안위원회의 재결을 거친 후가 아니면 제기할 수 없다.

제38조(심사전문위원)

① 국가공안위원회에 제3조 또는 제4조의 규정에 의한 지정폭력단 등의 지정에 관련된 확인 및 불복신청에 관하여 제3조 제1호 또는 제4조 제2호의 요건에 관한 전문 사항을 조사 심의하고 의견을 제출하게 하기 위하여 심사전문위원 약간 명을 둔다.

② 심사전문위원은 인격이 고결하고 지정폭력단 등의 지정에 관하여 공정한 판단을 할 수 있고 동시에 법률 또는 사회에 관한 학식경험을 갖춘 자 중에서 국가공안위원회가 임명한다.

③ 심사전문위원의 임기 기타 심사전문위원에 관하여 필요한 사항은 정령으로 정한다.

제39조(명령 등을 하는 공안위원회)

이 법률에서 공안위원회는 다음 각 호에 있는 사항에 관해서는 당해 각 호에서 정하는 공안위원회로 한다.

1. 제5조 제2항의 규정에 의한 통지 및 공시

   동 조 제1항의 의견청취에 관련된 지정을 하려는 자는 폭력단의 주된 사무소 소재지를 관할하는 공안위원회

2. 제5조 제1항의 의견청취

   동 조 제2항의 규정에 의한 공시를 한 공안위원회

3. 제3조 또는 제4조의 규정에 의한 지정

   제5조 제1항의 의견청취에 관련된 공안위원회

4. 제8조 제2항 또는 제3항의 규정에 의한 지정의 취소

   지정의 취소를 하려는 지정폭력단 등의 주된 사무소 소재지를 관할하는 공안위원회

5. 제11조 제2항, 제12조 제1항, 제12조의4 제1항, 제12조의6 제2항, 제18조 제2항 또는 제3항, 제19조, 제22조 제2항, 제23조, 제26조 제2항 또는 제27조의 규정에 의한 명령(가명령을 제외한다) 또는 이러한 명령에 관련된 제34조 제1항의 의견청취

   당해 명령 또는 의견청취에 관련된 위반행위가 있었던 때에 있어서 당해 위반행위를 한 자의 주소지(당해 위반행위를 한 자가 지정폭력단원인 경우로 당해 지정폭력단원의 주소가 명확하지 않은 때에는 당해 지정폭력단원이 소속한 지정폭력단 등의 주된 사무소의 소재지)를 관할하는 공안위원회

6. 제12조의2의 규정에 의한 명령 또는 당해 명령에 관련된 제34조 제1항의 의견청취 당해 명령 또는 의견청취에 관련된 폭력적 요구행위가 있었던 때에 당해 명령 또는 의견청취에 관련된 제12조의2 각 호에 정한 지정폭력단원의 주소지(당해 지정폭력단원의 주소가 명확하지 않은 경우에는 당해 지정폭력단원이 소속하는 지정폭력단 등의 주된 사무소의 소재지)를 관할하는 공안위원회

7. 제11조 제1항, 제12조 제2항, 제12조의6 제1항, 제18조 제1항, 제22조 제1항, 제26조 제1항, 제30조 또는 제30조의3의 규정에 의한 명령 또는 제15조 제1항, 제30조의4 및 제30조의5 제1항의 규정에 관련된 가명령 이외의 가명령
당해 명령에 관련된 위반행위가 있었던 장소를 관할하는 공안위원회

8. 제13조의 규정에 의한 원조
제11조 또는 제12조의6의 규정에 의한 명령을 한 공안위원회

9. 제14조 제1항의 규정에 의한 원조 또는 동 조 제2항의 규정에 의한 강습
당해 원조 또는 강습에 관한 사업자의 주된 사무소의 소재지를 관할하는 공안위원회

10. 제15조 제1항의 규정에 의한 명령(동 항의 규정에 관한 가명령을 포함한다) 또는 당해 명령에 관련된 제34조 제1항의 의견청취
당해 명령 또는 의견청취에 관련된 사무소 소재지를 관할

하는 공안위원회

11. 제30조의4의 규정에 의한 명령(동 조의 규정에 관한 가명령을 포함한다) 또는 당해 명령에 관한 제34조 제1항의 의견청취

당해 명령 또는 의견청취에 관련된 제30조의2 각 호의 청구가 행해진 때에 당해 청구의 상대방인 지정폭력단의 주소지(당해 지정폭력단원의 주소가 명확하지 않은 경우에는 당해 지정폭력단원의 소속 지정폭력단 등의 주된 사무소의 소재지)를 관할하는 공안위원회

12. 제30조의5 제1항의 규정에 의한 명령(동 항의 규정에 관한 가명령을 포함한다) 또는 당해 명령에 관련된 제34조 제1항의 의견청취

당해 명령 또는 의견청취에 관련된 폭력행위가 행해진 때에 당해 폭력행위를 한 지정폭력단원의 주소지(당해 지정폭력단원의 주소가 명확하지 않은 경우에는 당해 지정폭력단원의 소속 지정폭력단 등의 주된 사무소의 소재지)를 관할하는 공안위원회

13. 제32조의2 제1항의 규정에 의한 지정, 동 조 제5항의 규정에 의한 명령 또는 동 조 제6항의 규정에 의한 취소

동 조 제1항의 규정에 의한 신청을 받거나 또는 지정을 한 공안위원회

제40조(경찰청장관에의 권한의 위임)

이 법률 또는 이 법률에 기한 명령 규정에 의한 국가공안위원회의 권한에 속하는 사무(제6조 제1항의 규정에 의한 확인 및 동 조 제2항의 규정에 의한 의견청취, 제8조 제4항의 규정에 의한 확인, 제37조 제1항의 규정에 의한 심사청구 및 동 조 제2항의 규정에 의한 의견청취 및 제38조 제2항의 규정에 의한 임명에 관련된 것을 제외한다)는 정령에 정한 바에 따라 경찰청장관에 위임할 수 있다.

제41조(방면공안위원회에의 권한의 위임)

이 법률 또는 이 법률에 기한 정령의 규정에 의한 도공안위원회의 권한에 속하는 사무는 다음의 사무를 제외하고 정령에 정한 바에 의하여 방면공안위원회에 위임할 수 있다.

1. 제3조 및 제4조의 규정에 의한 지정
2. 제5조 제1항의 의견청취
3. 제6조 제1항 및 제8조 제4항의 규정에 의한 확인의 청구
4. 제6조 제4항 및 제8조 제5항의 규정에 의한 통지의 수리
5. 제7조 제1항(제8조 제7항에 있어서 준용하는 경우를 포함한다) 및 제7조 제4항의 규정에 의한 공시
6. 제7조 제3항(제8조 제7항에 있어서 준용하는 경우를 포함한다)의 규정에 의한 통지
7. 제8조 제2항 및 제3항의 규정에 의한 지정의 취소

제42조(공안위원회 사무의 위임)

① 공안위원회는 가명령에 관한 사무, 제12조의4 제2항의 규정에 의한 지시(긴급의 필요가 있는 경우에 있는 것에 한한다)에 관한 사무 및 제15조 제1항의 규정에 관련된 가명령에 관련된 동 조 제3항 및 제4항에 규정한 사무를 경시총감 또는 도도부현경찰본부장에게 행사하게 할 수 있다.

② 방면공안위원회는 전조의 규정에 의한 도공안위원회로부터 위임된 사무 중 전항의 사무를 방면본부장에게 행사하게 할 수 있다.

③ 공안위원회는 제11조 제1항, 제12조 제2항, 제12조의6 제1항, 제18조 제1항, 제22조 제1항, 제26조 제1항, 제30조 또는 제30조의3의 규정에 의한 명령을 경찰서장에게 행사하게 할 수 있다.

제43조(행정절차법의 적용제외)

제2장부터 제4장까지 및 이 장의 규정에 의한 명령에 관해서는 행정절차법 제3장의 규정은 적용하지 않는다.

제44조(경과조치)

이 법률의 규정에 기하여 명령을 제정하거나 또는 개폐하는 경우에 그 명령으로 그 제정 또는 개폐에 수반하여 합리적으로 필요하다고 판단되는 범위 내에서 적정한 경과조치(벌칙에 관한 경과조치를 포함한다)를 정할 수 있다.

제45조(국가공안위원회규칙에의 위임)

　이 법률에서 정한 것 외에 이 법률이 실시를 위한 절차 기타 이 법률의 시행에 관하여 필요한 사항은 국가공안위원회규칙으로 정한다.

제8장 벌칙

제46조

　제11조의 규정에 따른 명령을 위반한 자는 1년 이하의 징역 또는 백만 엔 이하의 벌금에 처하거나 이것을 병과한다.

제47조

　다음 각 호의 1에 해당하는 자는 1년 이하의 징역 또는 50만 엔 이하의 벌금에 처한다.

　　1. 제12조의 규정에 의한 명령을 위반한 자
　　2. 제12조의2의 규정에 의한 명령을 위반한 자
　　3. 제12조의4 제1항의 규정에 의한 명령을 위반한 자
　　4. 제12조의6의 규정에 의한 명령을 위반한 자
　　5. 제15조 제1항(동 조 제2항에 있어서 준용하는 경우를 포함한다)의 규정에 의한 명령을 위반한 자
　　6. 제18조의 규정에 의한 명령을 위반한 자
　　7. 제19조의 규정에 의한 명령을 위반한 자

8. 제22조의 규정에 의한 명령을 위반한 자

9. 제23조의 규정에 의한 명령을 위반한 자

10. 제26조의 규정에 의한 명령을 위반한 자

11. 제27조의 규정에 의한 명령을 위반한 자

12. 제30조의 규정에 의한 명령을 위반한 자

13. 제30조의3의 규정에 의한 명령을 위반한 자

14. 제30조의4의 규정에 의한 명령을 위반한 자

15. 제30조의5 제1항의 규정에 의한 명령을 위반한 자

제48조

제32조의2 제7항의 규정을 위반한 자는 6개월 이하의 징역 또는 50만 엔 이하의 벌금에 처한다.

제49조

제15조 제5항의 규정을 위반한 자는 50만 엔 이하의 벌금에 처한다.

제50조

제33조 제1항의 규정을 위반하고 보고를 하지 않거나 또는 자료를 제출하지 않거나 또는 동 항의 보고나 자료의 제출에 관하여 허위의 보고를 하거나 허위의 자료를 제출하거나 또는 동 항의 규정에 의한 출입검사를 거부, 방해, 또는 기피한 자는 20만 엔 이하의 벌금에 처한다.

부칙(2008년 6월 6일 법률 제52호)

제1조(시행일)

이 법률은 공포일로부터 기산하여 6개월을 초과하지 아니하는 범위 내에 있어서 정령에 정한 날부터 시행한다. 단 다음 각 호에 명시한 규정은 당해 각 호에 정한 날로부터 시행한다.

2. 부칙 제10조의 규정

폭력단원에 의한 부당한 행위의 방지 등에 관한 법률의 일부를 개정하는 법률(2008년 법률 제28호) 부칙 제1조 제2호에 명시한 규정의 시행일 또는 이 법률의 시행일이 지연된 날

제11조(조정규정)

이 법률의 시행일이 폭력단원에 의한 부당한 행위의 방지 등에 관한 법률의 일부를 개정한 법률 부칙 제1조 제2호에 명시한 규정의 시행일 전까지 있는 경우에는 동일의 전일까지의 사이에 있어서 폭력단원에 의한 부당한 행위의 방지 등에 관한 법률의 규정의 적용에 관해서는 신법 제6장에 규정하는 죄는 폭력단원에 의한 부당한 행위의 방지 등에 관한 법률 별표의 죄로 보지 아니한다.

별표(제2조 관련)

1. 폭발물관리벌칙(1884년 대정관포고 제32호)에 규정한 죄

2. 형법(1907년 법률 45호) 제2편 제5장, 제7장, 제22장, 제23장, 제26장, 제27장, 제31장 내지 제33장, 제35장 내지 제37장 및 제40장에 규정한 죄

3. 폭력행위 등 처벌에 관한 법률(1926년 법률 제60호)에 규정한 죄

4. 도범 등의 방지 및 처분에 관한 법률(1930년 법률 제9호)에 규정한 죄

5. 노동기준법(1947년 법률 제48호) 제13장에 규정한 죄

6. 직업안정법(1947년 법률 제141호) 제5장에 규정한 죄

7. 아동복지법(1947년 법률 제164호) 제6장에 규정한 죄

8. 금융상품거래법 제8장에 규정한 죄

9. 풍속영업 등의 규제 및 업무의 적정화 등에 관한 법률 제7장에 규정한 죄

10. 대마관리법(1948년 법률 제124호) 제6장에 규정한 죄

11. 선원직업안정법(1948년 법률 제130호) 제6장에 규정한 죄

12. 경마법(1948년 법률 제158호) 제5장에 규정한 죄

13. 자동차경기법(1948년 법률 제209호) 제6장에 규정한 죄

14. 건설업법(1949년 법률 제100호) 제8장에 규정한 죄

15. 변호사법(1949년 법률 제205호) 제10장에 규정한 죄

16. 화약류관리법(1950년 법률 149호) 제5장에 규정한 죄

17. 소형자동차경주법(1950년 법률 제208호) 제7장에 규정한 죄

18. 독물 및 극물관리법(1950년 법률 제303호)에 규정한 죄

19. 항만운송사업법(1951년 법률 제161호) 제5장에 규정한 죄

20. 투자신탁 및 투자법인에 관한 법률(1951년 법률 198호) 제5
편에 규정한 죄

21. 모터보트경주법(1951년 법률 제242호) 제7장에 규정한 죄

22. 각성제관리법(1951년 법률 제252호) 제8장에 규정한 죄

23. 여권법(1951년 법률 제267호)에 규정한 죄

24. 출입국관리 및 이민인정법(1951년 정령 제319호) 제9장에 규
정한 죄

25. 택지건물거래업법(1952년 법률 제176호) 제8장에 규정한 죄

26. 주세법(1953년 법률 제6호) 제9장에 규정한 죄

27. 마약 및 향정신약관리법(1953년 법률 제14호) 제7장에 규정
한 죄

28. 무기 등 제조법(1953년 법률 제145호) 제5장에 규정한 죄

29. 출자, 예금 및 금리 등의 거래에 관한 법률(1954년 법률 제
195호)에 규정한 죄

30. 매춘방지법(1956년 법률 제118호) 제2장에 규정한 죄

31. 총포도검류소지 등 관리법(1958년 법률 제6호) 제5장에 규정
한 죄

32. 저작권법(1970년 법률 제48호) 제8장에 규정한 죄

33. 폐기물의 처리 및 청소에 관한 법률(1970년 법률 137호) 제5
장에 규정한 죄

34. 화염의 사용 등의 처벌에 관한 법률(1972년 법률 제17호)에
규정한 죄

35. 건설노동자의 고용의 개선 등에 관한 법률(1976년 법률 제33호) 제8장에 규정한 죄

36. 은행법(1981년 법률 제59호) 제9장에 규정한 죄

37. 대금업법(1983년 법률 제32호) 제5장에 규정한 죄

38. 노동자파견사업의 적정한 운영의 확보 및 파견노동장의 취업 조건의 정비 등에 관한 법률(1985년 법률 제88호) 제5장에 규정한 죄

39. 항만노동법(1988년 법률 제40호) 제7장에 규정한 죄

40. 국제적인 협력의 하에 규제 약물에 관련된 부정행위를 조장하는 행위 등의 방지를 도모하기 위한 마약 및 향정신약관리법 등의 특례 등에 관한 법률(1991년 법률 제94호) 제3장에 규정한 죄

41. 부동산특정공동사업법(1994년 법률 제77호) 제7장에 규정한 죄

42. 보험업법(1995년 법률 제105호) 제5편에 규정한 죄

43. 자산의 유동화에 관한 법률(1998년 법률 제105호) 제5편에 규정한 죄

44. 채권관리회수업에 관한 특별조치법(1998년 법률 제126호) 제6장에 규정한 죄

45. 아동매춘, 아동포르노에 관련된 행위 등의 처벌 및 아동의 보호 등에 관한 법률(1999년 법률 제52호)에 규정한 죄

46. 조직적인 범죄의 처벌 및 범죄수익의 규제 등에 관한 법률(1999년 법률 제136호) 제2장에 규정한 죄

47. 저작권 등 관리사업법(2000년 법률 제131호) 제7장에 규정한 죄

48. 사용제자동차의 재자원화 등에 관한 법률(2002년 법률 제87

호) 제8장에 규정한 죄

49. 인터넷 이성소개사업을 이용하여 아동을 유인하는 행위의 규제 등에 관한 법률(2003년 법률 제83호) 제6장에 규정한 죄

50. 재판 외 분쟁해결절차의 이용의 촉진에 관한 법률(2004년 법률 제151호) 제5장에 규정한 죄

51. 신탁업법(2004년 법률 제154호) 제7장에 규정한 죄

52. 회사법 제8편에 규정한 죄

53. 탐정업 업무의 적정화에 관한 법률(2005년 법률 제60호)에 규정한 죄

54. 전자기록채권법(2007년 법률 제102호) 제5장에 규정한 죄

제4편

조직범죄에 대한 대책*

제1장 서론

　범죄는 우리 인류가 사회를 구성하고 서로 영향을 주면서 살기 시작할 때부터 동시에 존재했다고 하여도 과언이 아닐 정도로 오래되었으며, 범죄에 대응하여 경찰을 중심으로 형사사법기관이 전문적인 능력을 높이고 있음에도 불구하고 계속 새로운 범죄가 발생하고 있다.

　조직범죄는 '모든 국가와 사회에 존재하는 범죄'라고 할 수 있으며 어떠한 조직범죄에 대한 대책이 조직범죄를 우리 사회에서 완전히 제거할 수 있다고 쉽게 답을 내릴 수 없다고 생각한다. 우리나라에서는 조직범죄를 '조직폭력범죄'라고 표현하고 있다. 물론 이러한 조직범죄 또는 조직폭력범죄라는 표현은 법률용어가 아니며 언론과 신문을 통하여 일반화된 용어이다. 조직범죄와 조직폭력범죄가 어느 정도 서로 상이한 범죄인가는 그 용어를 사용하는 자에 의하여 다르겠지만, 실제에 있어서는 아주 작은 차이가 존재하거나 심지어 전무하다고 해도 틀리지 않을 것이다.

　조직폭력배9)는 조직폭력범죄의 주체이다. 우리나라의 언론이나 신문은 조직폭력배를 '조폭'로 조직폭력범죄를 '조폭범죄'라고도 약칭한다. 일반적으로 조직폭력범죄에 나타나는 것은 범죄 중 폭력

---

* 제4편은 2009년 6월 13일 한국경찰이론과 실무학회(회장 김중겸) 제5회 정기학술세미나에서 "경찰의 조직폭력배 대응방안 연구"라는 제목으로 본인이 발표한 글을 수정한 것이다.

9) 조직폭력배란 조직(組織)＋폭력(暴力)＋배(輩)의 결합어이다. 조직폭력배를 사전적으로 살펴보면 '조직'이란 "개개 요소가 결합하여 일체를 이룬다는 것으로 결합체"의 의미이며, '폭력'이란 "무법(無法)한 힘"이라는 뜻이고, '배'란 "무리"(① 반열(班列), ② 동아리, 패, ③ 같은 또래, 동류(同類), ④ 떼, 떼거리)를 말한다. 따라서 조직폭력배란 "폭력을 사용하는 무리의 결합체"라 할 수 있다.

을 행사하여 행하는 범죄로 이해될 수 있으며, 유사한 개념으로 조직범죄라는 표현을 할 때 이를 동일한 개념으로 이해할 것인가는 아직 우리의 학계나 실무계에서 의견의 통일을 보지 못하고 있다.

다만 조직폭력배에 대한 대응방안의 핵심은 조직폭력배에 대한 실체의 파악과 그들의 범죄행위를 어떻게 통제하고, 효과적인 처벌을 통하여 재발을 막을 수 있는가에 있다고 생각하기 때문에 조직폭력범죄이건 조직범죄이건 이러한 범죄의 법침해 현상에 대한 올바른 인식을 거쳐 바람직한 정책을 마련하는 것이 본 연구에서 달성하고자 하는 목표가 될 것이다.

제2장 조직범죄와 관련된 개념

Ⅰ. 조직범죄

조직범죄에 대한 개념정의는 국내·외의 문헌에서 다양하게 제시되고 있지만 일반적으로 통일된 정의는 없다.[10] 왜냐하면 조직범죄는 다양성뿐만 아니라 끊임없는 범죄양상의 변화, 그리고 은밀성과 비노출성이 특징이기 때문이다.[11] 따라서 조직범죄의 위험성과

---

10) 조직범죄에 대한 … 정의가 정확한 의미를 내포하지 못해서가 아니다. 그보다는 오히려 조직범죄라는 광범위한 대상을 좁은 틀 속에 넣는다는 것 자체가 무리가 있기 때문에 야기되는 문제이다. 조직범죄는 무수히 많은 특성을 가지고 있으며 각 지역마다 그 양상에 많은 차이가 나타나고 있다(염장호, 『세계조직범죄론』, 오성출판사, 2002, 13면).

11) 양태규, 「조직범죄의 실태와 대책에 관한 연구 - 조직폭력범죄를 중심으로」, 전북대학교 대학원 박사학위논문, 2003, 9면.

조직범죄의 유형을 중심으로 국가별·연구자별로 개별적인 정의가 제시되고 있다.

1. 국외의 조직범죄에 관한 정의

(1) 이탈리아

이탈리아는 형법 제416조(범죄결사)에서 "수개의 죄를 범할 목적으로 3인 이상이 결사한 때에는 그 결사를 발기하거나 구성 또는 조직 ….".을 조직결사로 규정하고 있으며, 동법 제416조의2 제3항(마피아형 결사)에서는 "그 구성원이 경제활동·인허가 등을 직·간접적으로 관리·지배하기 위해서 또는 부정한 이익을 얻거나 제3자가 얻도록 하기 위해서 조직의 위하력 및 복종과 침묵의 법칙을 이용한 때의 결사"라고 규정하고 있다.[12]

(2) 미국

미국에서의 조직범죄에 관한 공식적인 정의라고 할 수 있는 미국의 '법집행 및 사법행정에 관한 대통령위원회'의 정의는 1967년의 조직범죄에 대한 특별보고서에서 조직범죄를 "범죄조직은 미국 국민과 정부의 통제 밖에서의 활동을 추구하는 단체이다. 수천 명의 범죄자들이 관련된 범죄조직은 큰 회사처럼 대단히 복잡한 구조 속에서 활동하고, 합법적인 정부보다 더 엄격하게 강요되는 규율로 지배를 받는다."고 하였다.[13]

---

12) 양태규, 위의 논문, 10~11면.

13) Organized Crime is a society that seeks to operate outside the control of the American people and their governments. It involves thousands of criminals, working within structures as complex as those of any large corporation, subject to

미국의 대표적인 조직범죄에 대한 대책법은 연방법전 제18편 제96장 제1961조에서 제1968조까지 규정된 RICO법[14]이다. 이 법은 조직범죄에 대한 정의를 대신하여 이득갈취활동(Racketeering Activity)을 광범위하게 열거하고 있다.[15]

인터폴은 "일반적으로 힘, 영향력, 경제적 이익을 얻으려는 사조직에 의한 계속적인 범죄활동"이라고 조직범죄를 정의하고 있으며, FBI에서는 조직범죄를 "어떤 형태로든 조직적인 구조를 갖고 그 기본적인 목적이 폭력, 공무원 매수, 뇌물공여, 공갈 등의 불법적인 방법에 의해 금품을 획득함에 있고, 그 지역 주민들에게 상당히 불행한 영향을 미치는 형태의 활동을 하고 있는 그룹"이라고 정의하고 있다. 미국 연방 상원의회에 제출된 '주(州) 간 거래에 있어서 조직범죄의 수사에 관한 특별위원회 보고서'(1983. 2. 28)에 의하면 "다양한 범죄활동을 통해 이익을 얻기 위하여 몇 개의 그룹이 상호 협력하는가 하면 이들 그룹이나 구성원은 경쟁상대를 말살시키고 그룹비밀을 지키기 위해 살인, 폭탄사용, 기타 모든 형태의 폭력 행사를 서슴지 않으며 이들이 폭력을 행사할 때에는 다른 지역에서 패거리를 데리고 오기 때문에 경찰수사가 어렵게 되고, 그룹활

---

laws more rigidly enforced than those of legitimate governments(President's Commission on Law Enforcement and Administration of Justice, Task Force Report on Organized Crime, U. S. Government Printing Office, 1967, 1면).

14) Racketeer Intluenced and Corrupt Organization

15) 1. 살인, 유괴, 도박, 방화, 강도, 증뢰, 공갈, 음란물의 거래, 마약 기타 위험약물의 거래에 관한 행위 또는 그 협박으로 주법의 규정에 의하여 소추되어 1년을 초과하는 구금에 과하여지는 행위, 2. 증뢰, 스포츠증뢰, 위조, 주와 주 사이의 화물절도로서 중죄로 된 경우, 연금 및 복지후생기금의 횡령, 공갈적 신용거래, 도박정보의 전달, 우편사기, 전신사기, 음란물, 사법방해, 수사방해, 주법 또는 지역법의 집행방해, 증인, 피해자 또는 정보협력자에의 간섭, 증인, 피해자 또는 정보협력자에의 보복, 상거래의 간섭, 강도 또는 공갈, 이득갈취, 도박용품의 주와 주 사이의 이송, 복지후생기금의 위법한 지불 ….

동에 경찰이 개입하는 것을 방지하기 위하여 뇌물증여 등에 의한 매수의 경우도 있다. 또 위법한 활동에 의해 취득한 이익을 합법기업에 투입시키며, 합법기업의 경영에 있어서도 도박, 무역에 의한 독점 등 범죄행위와 같은 수법을 쓴다."고 하였다.[16]

존슨(Earl Johnson)은 조직범죄를 "장기간에 걸쳐 부정기적으로 부단히 범죄적 활동에 종사하는 상당한 규모를 가진 집단의 활동"이라고 하며, 카반(Ruth S. Cavan)은 조직범죄를 "계속적인 범죄활동을 위해 다수의 범죄자들로 구성되고, 지휘계통이 확립된 반영구적 위계질서가 존재하는 조직의 활동"이라고 정의한다. 레클레스(Walter C. Reckless)는 "조직범죄를 행하기 위해서는 일정한 조직이 필요하며, 그 조직은 신분적 질서와 사무의 분리 등 사무를 능률적으로 수행하는 운영체제가 필요하다."고 한다.[17] 그리고 앨바니스(Jay Albanese)는 "조직범죄란 일반경제시장에서 불법한 거래활동을 수단으로 하고, 효과적인 이득을 목적으로 하는 계속적인 범죄단체(a continuing criminal enterprise)의 활동으로, 그 범죄조직의 유지는 무력, 협박, 공공사업관계자의 매수 등에 의한다. 계속적인 범죄단체가 행하는 범죄는 범죄조직에 의하여 행해지는 범죄뿐만 아니라, 화이트칼라(White collar)범죄라고 할 수 있는 회사에서의 범죄라든지 공무원이 직장의 동료들과 조직적으로 행하는 범죄 등도 있는데, 전자를 '조직범죄'(organized crime)라고 부른다면 후자

---

16) 조선호, 「세계의 조직범죄」, 청목, 1993, 12~13면.

17) Earl Johnson, Organized Crime, Challenge to the American Legal System, 1926, 401면; Ruth S. Cavan, Criminology, 1962, 123면; Walter C. Reckless, The Crime Problem, 3rd ed., 1961, 180~181면; 홍준표, "조직폭력 수사상 제문제", 「강력검사 연구논문집(Ⅲ)」, 대검찰청, 1993, 304~305면 재인용.

는 '조직적 범죄'(organizational crime)라고 부를 수 있으며, 후자는 전자와 같이 범죄활동을 수단으로 이익을 얻으려는 의도로 조직된 단체가 아니고 업무의 역할수행의 기회에서 집단적으로 행하는 범죄이다."[18]라고 한다.

프랭크 헤건(Frank Hagan)은 1983년에 15년 동안 13개의 저서와 정부보고서에 나타나고 있는 조직범죄의 특성에 관한 전문가의 의견을 종합하여 ① 계층구조의 존속, ② 범죄를 통한 합리적 이윤추구, ③ 무력이나 협박의 사용, ④ 면책유지를 위한 부패, ⑤ 서비스에 대한 공공의 수요, ⑥ 특정시장에 대한 독점, ⑦ 제한된 구성원, ⑧ 비이념적, ⑨ 전문화, ⑩ 비밀규율, ⑪ 광범위한 계획 등 11개로 분석하였다.[19]

(3) 일본

일본은 1991년 폭력단대책법[20]을 제정하여 조직범죄에 대응하고 있다. 일본도 조직범죄의 개념을 정의하지 않고, 제2조(정의)에서 폭력적 불법행위 등을 별표에 별도로 제시하여 조직범죄에 관한 개념을 대신하고 있다.[21] 별표의 내용을 보면 새로운 유형의 법률제정이

---

18) Jay Albanese, Organized Crime in America, 2nd ed., Anderson Publishing Co., 1989, 6면.

19) ① Organized Hierarchy Continuing, ② Rational Profit Through Crime, ③ Use of Force or Threat, ④ Corruption to Maintain Immunity, ⑤ Public Demand for Services, ⑥ Monopoly over Particular Market, ⑦ Restricted Membership, ⑧ Non-Ideological, ⑨ Specialization, ⑩ Code of Secrecy, ⑪ Extensive Planning(Jay Albanese, 위의 논문, 5면; 최인섭, 『조직범죄의 특성과 실태』, 「조직범죄의 현황과 대처방안」, 한국형사정책연구원, 1994, 15면 참조; 양태규, 앞의 논문, 12면).

20) 暴力團員による不當な行爲の防止等に關する法律

21) 暴力的不法行爲等　別表に揭げる罪のうち国家公安委員会規則で定めるものに当たる違法な行爲をいう. 별표에 따르면 형법상의 범죄 등 54개의 범죄유형을 폭력적 불법행위로 규정하고 있다. 1. 폭발물관리벌칙에 규정한 죄, 2. 형법 제2편 제5장, 제7장, 제22장,

이루어지는 경우 조직범죄와 관련된 경우 그 법률의 규정을 별표의 내용에 추가함으로써 탄력적인 조직범죄에 내용을 구성하고 있다.

(4) 독일

독일에서는 1990년에 조직범죄에 관한 정의로 "이득이나 영향력 행사를 목적으로 계획된 범죄행위로서 개별적인 각 행위 또는 그 행위 전체가 중요한 의미를 가지며, 2인 이상의 관여자가 장기간 또는 불특정기간 동안 역할을 분담하고(이상 공통적 요소), 1) 기업이나 기업유사적인 조직을 사용하거나, 2) 폭력이나 다른 위협적인 수단을 사용하고, 3) 정치, 언론매체, 공공행정, 사법당국 또는 경제에 영향력을 행사(이상 택일적 요소)함으로써 이루어지는 행위"라고 하였다.22)

(5) 조직범죄방지협약

'국제적 조직범죄의 방지에 관한 국제연합 협약'(United Nations convention against Transnational Organized Crime, 2000. 12. 12) 제2조는 "조직범죄집단이나 일정기간 존속하는 3인 또는 다수인으로 구성된 조직구조를 갖는 집단으로서 직접 또는 간접으로 자금상 기타 물질상의 이익을 획득하기 위하여 중대한 범죄 또는 이 조약의 규정에 따라 정해진 범죄를 하나 또는 둘 이상 범할 목적으로 협력하여 행동하는 것"을 말한다고 정의하고 있다.23)

제23장, 제26장, 제27장, 제31장부터 제33장까지, 제35장부터 제37장까지 및 제40장에 규정한 죄 …, 53. 탐정업의 업무의 적정화에 관한 법률에 규정한 죄, 54. 전자기록채권법 제5장에 규정한 죄.

22) Hans-Dieter Schwind, Kriminologie: Eine Praxisorientierte Einführung mit Ceispielen, 8. Aufl., 1997, 560면(도중진, 「조직범죄의 유형변화와 대서방안」, 한국형사정책연구원, 2004, 45면 재인용).

2. 국내의 조직범죄에 관한 정의

(1) 국내 연구자의 조직범죄에 관한 정의

국내 연구자로서 조직범죄의 개념을 정의한 사람은 최명숙, 이윤호, 허경미, 양태규 등이 있다.

최명숙은 "주로 경제적 이익을 추구하며 공무원 등과 결탁하는 등 목적달성을 위한 계획이 있는 일정한 영속적인 조직의 다수 구성원이 그 조직의 위계질서 등 내부규범을 준수하며 조직외부의 규범을 위반한다는 조직의식을 가지고 기동적으로 조직의 역할을 분담하는 조직적 행위로써 범하는 여러 가지 형사법위반행위"[24]라고 했으며, 이윤호는 "상당한 대중적 수요가 있는 용역에 대하여 범죄적 방법으로 이성적 이득을 얻는 위계질서가 있는 범죄집단의 범죄행위"[25]를 조직범죄라고 하였다. 허경미는 "최소한 2명 이상이 경제적 이익을 얻기 위하여 일정한 계층과 질서규범을 가지고 구성한 조직 …에 의하여 행하여지는 범죄"[26]로 조직범죄를 정의하고 있다. 양태규는 조직범죄를 "다수인—최소한 2인 이상—이 불법적 이익추구를 목적으로 일정한 계층적 지휘통솔 체제를 갖추고

---

23) 이 정의에는 … '일정기간'이란 일시적 존재나 범행 후 바로 해산하는 것을 배제한다는 의미 … 3인 이상이어야 한다는 요소는 … 공범인수(2인 이상)의 최소한도는 상회하는 것으로 2인에 의한 공범이 배제된다는 점 … 동 협약 제2조 (c)에 의하면 '조직구조를 갖는 집단'이란 '바로 범죄를 행하기 위하여 무작위로 조직된 집단은 아니지만, 그 구성원의 역할이 정식으로 정해져 있거나, 또는 그 구성원의 계속성 혹은 발달된 조직구조를 가질 것을 필요로 하지 않는 것 … 자금상 기타 물질상의 이익을 획득하는 것'을 목적으로 하는 것 … 민족분쟁이나, 민족독립, 하나의 정권의 목표로 하는 정치적 목적을 가진 조직범죄집단을 배제하는 것으로 …(도중진, 위의 책, 39 – 40면).

24) 최명숙, 「조직범죄에 관한 연구」, 서울대학교 대학원 박사학위논문, 1986, 53면.

25) 이윤호, 『형사정책』, 박문각, 1997, 331면.

26) 허경미, 「한국의 조직범죄 실태와 그 대응방안에 관한 연구」, 동국대학교 대학원 박사학위논문, 1999, 14면.

그 조직이나 그 조직원에 의해서 계속적이고 조직적으로 불법적 수단을 통하여 행하는 범죄"[27]라고 정의하고 있다.

이 글에서는 범죄조직을 "불법적인 활동을 목적으로 유기적 작용을 하는 통일체"로 이해하고, 조직범죄를 "불법적인 활동을 목적으로 유기적 작용을 하는 통일체가 행하는 범죄"[28]로 정의하고자 한다.[29]

(2) 국내법상의 조직범죄에 관한 정의

가. 형법

우리 「형법」(법률 제7623호, 2005. 7. 29. 일부개정) 제5장(공안을 해하는 죄) 제114조(범죄단체의 조직)는 범죄조직에 관하여 "범죄를 목적으로 하는 단체"(제1항)라고 하고 있으며, 범죄조직을 "조직하거나 이에 가입한 자"(제1항)를 처벌[30]하고 있다. 그리고 범죄조직의 일 유형으로 "병역 또는 납세의 의무를 거부할 목적으로 단체"(제2항)를 규정하고 처벌[31]하고 있다.

따라서 「형법」상의 조직범죄란 '범죄를 목적으로 하는 단체(또는 병역 또는 납세의 의무를 거부할 목적으로 단체)를 조직하거나, 가입하는 행위'라고 할 수 있다.

나. 폭력행위 등 처벌에 관한 법률

「폭력행위 등 처벌에 관한 법률」(법률 제7891호, 2006. 3. 24. 일

---

27) 양태규, 앞의 논문, 13면.

28) 정지운, 「조직범죄에 관한 연구」, 경기대학교 박사학위논문, 1995, 13면.

29) 여기에서 '유기적 작용을 하는 통일체'란 명확한 규율과 계층조직에 의하여 지배되는 단체를 말하며, '불법적 활동'은 도박, 마약, 고리대금, 노동력 갈취, 강탈, 매춘 등과 관련되는 활동을 말한다.

30) 그 목적한 죄에 정한 형으로 처단한다. 단, 형을 감경할 수 있다.

31) 10년 이하의 징역이나 금고 또는 1,500만 원 이하의 벌금에 처한다.

부개정, 이하 '폭처법'이라 함)은 제4조(단체 등의 구성·활동)에서 형법의 규정보다 상세하게 조직범죄를 규정하고 있다. 「폭처법」에 의하면 ① 이 법에 규정된 범죄를 목적으로 한 단체 또는 집단을 구성하거나 그러한 단체 또는 집단에 가입하거나 그 구성원으로 활동하는 행위(제4조 제1항),[32] ② 제1항의 단체 또는 집단을 구성하거나 그러한 단체 또는 집단에 가입한 자가 단체 또는 집단의 위력을 과시하거나 단체 또는 집단의 존속·유지를 위한 행위[33](제4조 제2항), ③ 타인에게 제1항의 단체 또는 집단에 가입할 것을 강요하거나 권유한 행위(제4조 제3항), ④ 제1항의 단체 또는 집단을 구성하거나 그러한 단체 또는 집단에 가입하여 단체 또는 집단의 존속·유지를 위하여 금품을 모집한 행위(제4조 제4항), ⑤ 제4조 제1항의 단체나 집단을 이용하여 이 법 또는 기타 형벌법규에 규정된 죄를 범하게 한 행위(제5조 제1항), ⑥ 제4조 제1항의 단체 또는 집단을 구성하거나 그러한 단체 또는 집단에 가입하지 아니한 자로서 그러한 단체 또는 집단의 구성·유지를 위하여 자금을 제공한 행위(제5조 제2항) 등이 조직범죄라고 할 수 있다.

---

32) 1. 수괴는 사형, 무기 또는 10년 이상의 징역에 처한다.
   2. 간부는 무기 또는 7년 이상의 징역에 처한다.
   3. 그 외의 자는 2년 이상의 유기징역에 처한다.

33) 1. 「형법」 제8장 공무방해에 관한 죄 중 제136조(공무집행방해)·제141조(공용서류 등의 무효·공용물의 파괴)의 죄, 동법 제24장 살인의 죄 중 제250조 제1항(살인)·제252조(촉탁, 승낙에 의한 살인 등)·제253조(위계 등에 의한 촉탁살인 등)·제255조(예비, 음모)의 죄, 동법 제34장 신용, 업무와 경매에 관한 죄 중 제314조(업무방해)·제315조(경매, 입찰의 방해)의 죄, 동법 제38장 절도와 강도의 죄 중 제333조(강도)·제334조(특수강도)·제335조(준강도)·제336조(약취강도)·제337조(강도상해, 치상)·제339조(강도강간)·제340조 제1항(해상강도) 및 제2항(해상강도상해, 치상)·제341조(상습범)·제343조(예비, 음모)의 죄를 범한 자
   2. 이 법 제2조 또는 제3조의죄를 범한 자

다. 특정강력범죄의 처벌에 관한 특례법

「특정강력범죄의 처벌에 관한 특례법」(법률 제7653호, 2005. 8. 4. 일부개정, 이하 '강처법'이라 함) 제2조 제1항 제5호[34])에 의하면 조직범죄(단체 등의 구성·활동, 단체 등의 조직)를 '특정강력범죄'로 규정하고 있다.

II. 기타 범죄조직 관련 개념

1. 범죄조직

조직범죄의 주체를 '범죄조직'(犯罪組織)이라고 한다. 범죄조직은 조직범죄를 하는 집단 구성원의 총체를 의미한다. 즉 범죄의 실행을 위하여 일정한 계급체계를 갖춘 단체를 의미한다. 범죄조직을 '조직폭력집단', '조직범죄집단'[35])이라고 표현하기도 한다.

우리 「형법」은 범죄조직을 제114조에서 '범죄단체'라고 표현하고 있으며, 「폭처법」 제4조 1항에서는 '범죄단체'(범죄를 목적으로 한 단체) 또는 '범죄집단'(범죄를 목적으로 한 집단)으로 표현하고 있다. 「특정범죄가중처벌 등에 관한 법률」(법률 제9169호, 2008. 12. 26. 일부개정, 이하 '특가법'이라 함) 제5조의8은 (타인의 재물을 절취할 목적인)단체 또는 집단을 규정하여 처벌[36])하고 있다. 따

---

34) 제2조 (적용범위)
   ① 이 법에서 "특정강력범죄"라 함은 다음 각 호의 1에 해당하는 죄를 말한다.
      5. 폭력행위 등 처벌에 관한 법률 제4조(단체 등의 구성·활동), 특정범죄 가중처벌 등에 관한 법률 제5조의8(단체 등의 조직)
35) 조직범죄집단은 외국의 조직범죄집단과 같이 … 조직폭력집단이 대부분이었다(도중진, 「조직범죄의 유형변화와 대처방안」, 한국형사정책연구원, 2004, 33면).

라서 「특가법」에서도 '범죄단체'나 '범죄집단'으로 표현하고 있다고 할 수 있다.

2. 조직(구성)원

조직원은 조직범죄를 실행하는 주체이다. 조직폭력배는 구성원을 자연인의 집합으로 표현한 것으로 보인다. 조직원은 크게 두 가지 유형으로 구분된다. 하나는 명령을 하는 조직원(상부조직원)이고, 다른 하나는 명령을 받아 명령을 수행하는 조직원(하부조직원)이다.

(1) 상부조직원

범죄조직은 보통 피라미드 구조를 형성하는데, 이 구조에서 명령을 하는 상부조직원은 소수이거나 또는 1인이다. 이와 같은 구조는 우리나라뿐만 아니라 마피아, 삼합회, 폭력단(야쿠자) 등 세계의 다양한 범죄조직에서 나타나고 있다.

우리나라의 「폭처법」 제4조 제1항에 의하면 상부조직원을 '수괴'로 표현하고 있다. 마피아의 경우는 '카포'(Capo) 또는 '보스'(Boss)라고 하며, 야쿠자의 경우는 '친분'(親分, 오야붕)이라고 한다. 삼합회에서는 용두(龍頭, 롱토우)라고 한다.

우리나라의 법률에서는 규정되어 있지 않으나 수괴 밑에는 조직원에게 직접 범죄를 지시하거나 범죄실행의 주도자라고 할 수 있는 '행동대장'이 있다. 마피아의 경우 카포 아래에 '언더카포'(Undercapo) 또는 '언더보스'(Underboss)가 있고, 그 아래에 '카포레짐'(Caporegime)[37)

---

36) 1. 수괴는 사형·무기 또는 10년 이상의 징역에 처한다.
   2. 간부는 무기 또는 5년 이상의 징역에 처한다.
   3. 가입한 자는 1년 이상의 유기징역에 처한다.

또는 '캡틴'(Captain)이 있다. 야쿠자의 경우에는 친분 - 자분(子分, 꼬붕)의 구조로 되어 있는데, 상부 야쿠자(폭력단)의 꼬붕은 하부 야쿠자의 오야붕의 구조로 되어 있기 때문에 상부 야쿠자의 꼬붕은 하부 야쿠자의 상부조직원이 된다. 삼합회에서는 롱토우 아래에 '부산주'(副山主, 뿌싼쭈)가 있는데 부두목격이다. 그리고 행동대장 격인 '홍곤'(紅棍, 홍콴)이 있다.[38]

(2) 하부조직원

하부조직원은 범죄조직의 구조상 다수로 구성되며 행동대장이나 행동대원 또는 부하로 불린다. 우리 「폭처법」 제4조에 의하면 수괴와 간부 이외의 '구성원'을 하부조직원으로 이해할 수 있다.

범죄조직이 유지되기 위해서 하부조직원은 항상 대체 가능해야 하며, 상시적인 충원이 요구된다. 또한 범죄조직이 세력을 확대하기 위해서는 하부조직원이 확충되어야 한다.

마피아의 하부조직원은 행동대원의 의미로 '솔다티'(Soldati) 또는 '솔져'(Soldier)라고 한다. 야쿠자는 꼬붕으로 표현되고, 삼합회에서는 '사구'(四九, 쓰지우)라고 한다.

(3) 간부

간부는 상부조직원과 하부조직원 사이에 존재하는 자로서 직접 범죄행위를 실행하지는 않지만 범죄조직의 운영이나 활동에 있어서 상부조직원에게 조언을 하는 자이다. 마피아의 경우에는 '콘실

---

37) 카포레짐은 초기에 카포데치나(Capodecina)라고도 불렸는데, 카포데치나는 원래 라틴어로 10명의 병사를 거느린 대장이란 뜻이다(안혁, 「마피아 - 미국 조직범죄의 100년 역사」, 지성문화사, 1999, 21면).

38) 정지운, 앞의 논문, 21~23면.

리에리'(Consigliere) 또는 '카운셀러'(Counselor)라고 하며, 삼합회는 보좌역으로 '자지편'(自紙扁, 쯔지피엔)이 있다.[39]

III. 행동강령

행동강령은 범죄조직을 유지하고, 조직범죄를 실행하기 위하여 필수적인 것으로 국가에 비유한다면 헌법과 같은 기능을 한다고 할 수 있다.

이탈리아 마피아의 경우에 행동강령으로 '오메르타'라고 불리는 '복종과 침묵의 규칙'이 있다. 그 내용은 "보스의 명령에는 절대복종, 체포된 때에는 일체 입을 열지 않는다."는 것이었다.[40]

미국 뉴욕의 범죄조직의 회합에서 '라 코사 노스트라'(La Cosa Nostra, 우리들의 것, 우리들의 임무라는 의미임)라고 조직명을 정하고 보스 중의 보스의 자리에 앉은 마란자노(Salvatore Maranzano, 1868~1931)는 다음과 같은 다섯 가지 규칙을 발표하였다.[41]

① 코사 노스트라의 멤버는 그들의 일에 대하여 외부 인사에게는 물론, 자기의 친구와 가족을 포함한 그 누구에게도 말을 해서는 안 된다. 심지어 코사 노스트라라는 단어를 입 밖에 내는 것도 금지한다. 이 법을 어기는 사람에게 내려지는 벌은 재판 없는 즉각 처형이다. ② 마란자노가 정한 조직의 위계질서가 엄정한 것이 되어야 한다. 솔다티는 카포데치나에게, 카포데치나는 언더보스에게,

---

39) 위의 논문, 21~23면.
40) 조선호, 앞의 책, 24면.
41) 안혁, 앞의 책, 41~42면.

그리고 언더보스는 보스에게 절대 복종해야 하며 윗사람의 명령에 대해 반론을 제기하거나, 명령을 내리는 까닭을 물어서는 안 된다. 아랫사람이 어떤 문제가 생겼을 때 직접 그것을 그의 보스에게 가져가서는 안 되고 일단 그의 직속상관에게 먼저 보고해야 한다. ③ 어떤 일이 있어도 같은 코사 노스트라의 회원을 죽여서는 안 된다. 회원 간의 갈등이 생기는 일이 있다 하더라도 그것을 보스에게 알려 위로부터의 처분을 기다려야 한다. 이 법을 어기는 자 또한 재판 없이 즉각 처형의 벌을 받는다. ④ 과거의 일은 잊어라. 과거는 이제 완전히 끝났으며 더 이상 복수가 계속되어서는 안 된다. ⑤ 동료가 하는 일을 방해하지 말고 동료의 부인을 넘보지 마라.

야쿠자가 구성된 초기라고 할 수 있는 데키야는 다음과 같은 3대 계명을 갖고 있다.[42]

① 다른 조직원의 처를 건드리지 말 것(이 규율은 남편이 행상을 다니는 동안 아내가 오랫동안 홀로 있게 되기 때문에 생긴 것이다), ② 경찰에 잡히더라도 조직의 비밀을 누설하지 말 것, ③ 오야붕 - 꼬붕의 관계를 철저히 지킬 것.

현재의 야쿠자의 또 다른 내부규율은 다음과 같다.[43]

① 결코 조직의 비밀을 누설하지 말 것, ② 다른 조직원의 처나 자식을 범하지 말 것, ③ 개인적으로 마약에 접하지 말 것, ④ 조직으로 갈 돈을 새치기하지 말 것, ⑥ 상사에 대한 복종에 절대적일 것, ⑦ 경찰이나 법률에 호소하지 말 것.

---

42) 데이비드 E. 캐플란·알랙 듀브로/김자동, 「야쿠자 - 조직깡패세계의 검은 내막」, 일월서각, 1992, 29면.
43) 조선호, 앞의 책, 82~83면.

삼합회는 다음과 같은 내부규율이 있다.[44]

① 홍문에 들어간 후는 너의 부모는 나의 부모이며, 너의 형제자매는 나의 형제자매이며, 너의 자식은 나의 자식이다. 부모형제가 죽었을 때 장례비가 없는 회원에게는 다른 회원이 출자하여 장례를 완료해야 할 것, ② 형제의 처를 간음하고 그 자녀와 사통한 자는 사형에 처할 것, ③ 부모를 효경하지 않는 자는 태형 108에 처함, ④ 형제가 은전과 재물을 기탁했을 때는 충실히 보관해야 하며 그것을 갈취한 자는 사형에 처할 것, ⑤ 형제의 재물을 탈취하거나 강매, 편매(編買), 쟁매(爭買)하여 돌려주지 않는 자는 사형에 처할 것, ⑥ 형제가 궁핍하여 돈을 빌리려는 것을 모욕하고 또는 거절하는 자는 두 귀를 자를 것, ⑦ 형제와 사업을 공영하여 제 마음대로 낭비한 자는 태형 108에 처할 것, ⑧ 도박장에서 속임수를 써서 형제의 재물을 편취한 자는 중하면 사형, 경하면 태형 72에 처할 것, ⑨ 타지방의 형제가 강호의 객으로 찾아왔을 때는 사·농·공·상을 불문하고 하룻밤 유숙하게 하고 두 끼 이상을 대접할 것, ⑩ 회의 비밀은 부친도 자식에게 전할 수 없고, 자식도 부친에게 전할 수 없으며, 형제, 대친(大親), 사친(四親)의 누구에게도 전할 수 없는 것으로 위반자는 만도(萬刀) 아래에 죽어야 할 것, ⑪ 형제 환난 시는 필요한 협조를 아끼지 말 것, ⑫ 형제가 포박되거나 또는 멀리 출타했을 때는 그 처자를 도와줄 것, ⑬ 현상금을 얻기 위하여 밀고한 자는 사형에 처할 것, ⑭ 회원은 봉기할 때는 함께 군화 양초를 내어 일동 협력해야 하며 두 마음을 품는 자는 만도 아래에 죽음을 당할 것, ⑮ 다른 성에서 형제를 부르는 문서가 왔을 때 숨

---

44) 조선호, 위의 책, 117~118면.

어서 응소하지 않는 자는 사형에 처할 것

위에서 보듯이 행동강령의 특징은 범죄조직을 유지하고, 범죄조직을 위하여 조직원들이 소속감을 가지고 명령에 복종하도록 강제하고 있다. 이러한 내용의 행동강령은 일정한 규모 이상의 범죄조직에 공통적으로 나타나고 있다.

제3장 우리나라 조직범죄의 실태

Ⅰ. 의의

세계적인 범죄조직은 크게 마피아, 야쿠자(폭력단), 삼합회 등으로 구분할 수 있다. 이러한 구분은 범죄조직의 구성원의 특성에 의한 구분이기 때문에 이들 범죄조직이 행하는 범죄의 특성은 아니다. 따라서 이러한 마피아·야쿠자·삼합회는 범죄조직의 대명사적 호칭이라 할 수 있다. 예컨대, 마피아의 경우 연구가 많이 이루어진 것은 주로 미국의 경우라고 하겠으나, 이탈리아나 러시아의 경우에도 마피아가 존재하며, 야쿠자의 경우 미국에서도 활동하고 있는 범죄조직이기 때문에 이러한 범죄조직의 명칭으로 국가별 구분이나 범죄유형의 구분을 할 수 없다. 태평양 지역에서의 근대적 조직범죄는 중국계 삼합회와 미국의 마피아에 뿌리를 두고 있다.[45]

---

45) 1980년대에 들어서면서 태국, 미얀마, 라오스의 국경지대를 일컫는 이른바 동남아 황금의 삼각지대에서 생산되는 막대한 양의 헤로인이 삼합회와 마피아의 파이프라인을 통해 전 세계의 지하조직에 공급되었다. 한발 늦게 국제무대에 진출한 일본의 야쿠자들도 비슷한 시기

경찰은 조직폭력 세력의 다수석방 등으로 와해된 구 Family급 조
직의 재건 및 기존 조직의 연합 움직임에 대응하여 강력사건·불
법오락실·불법채권추심 등에 이들에 대한 검거활동을 전개하였다
(상반기(2006. 12. 28~2007. 4. 30) 및 하반기(2007. 9. 1~2007.
10. 31) 특별단속을 추진).46)

이 기간 동안의 검거실적을 보면 다음의 <표 1> 및 <표 2>와
같다.

〈표 1〉 상반기 검거실적

구분	검거실적		신흥폭력배		기존폭력배	
	검거(명)	구속(명)	검거	구속	검거	구속
06.12.28~07.4.30	2,680	752	1,717	461	963	291
05.12.28~06.4.30	560	242	317	103	243	139
전년 대비(%)	+379	+211	+422	+348	+296	+109

〈출처: 2008 경찰백서 125면〉

〈표 2〉 하반기 검거실적

구분	검거실적		신흥폭력배		기존폭력배	
	검거(명)	구속(명)	검거	구속	검거	구속
07.9.1 - 10.31	1,060	259	469	115	591	144
06.9.1 - 10.31	623	172	250	65	373	107
전년 대비(%)	+70.1	+50.6	+87.6	+87.6	+58.4	+34.6

〈출처: 2008 경찰백서 125면〉

에 중국의 삼합회를 통하여 다량의 히로뽕을 유통시켰다. 야쿠자가 국제무대에 등장한 것은
세계 시장 활동의 중심지가 북대서양에서 태평양 지역으로 이동한 것과 시기를 같이하고 있
다는 점에서 주목된다(조선호, 앞의 책, 14면).

46) 조직폭력배에 대한 지속적인 회의 및 워크숍 등으로 폭력조직 척결 분위기 및 공감대가 형성
되었고, 또한 폭력조직 와해를 위해 양적인 단속에서 질적인 단속으로 전환, 수괴급 조직폭력
배 위주로 검거하도록 독려한 결과, '양은이파' 두목 조○○을 구속하고, 호텔 사우나에서
건설업체 사장을 납치(2006. 11)한 '국제PJ파' 부두목 조○○을 검거하는 등 수괴급 54명
을 검거하는 등 조직폭력에 대한 대대적인 단속으로 범죄분위기 제압 및 안정된 민생치안 기
반을 마련하였다(경찰청, 2008 범죄백서, 125~126면).

위 <표 1>과 <표 2>에서 보듯이 상반기와 하반기 모두 조직범죄의 발생건수가 증가하고 있음을 알 수 있다. 기존폭력배의 증가율(상반기: +296(+109), 하반기: +58.4(+34.6))을 넘는 신흥폭력배의 증가율(상반기: +422(3+348), 하반기: +87.6(87.6))을 보면 그동안 형사사법기관의 조직범죄에 대한 대책이 큰 효과를 보지 못하였다는 느낌이 든다. 물론 경찰 등 수사기관의 적극적인 수사활동에 의한 검거실적이라는 주장이 의미 있는 주장일 수 있다.

그러나 이러한 표현이 어느 정도 받아들여진다고 해도, 우리 사회에서 조직범죄가 점차 증가하는 것으로 이해해도 무방하다고 생각한다. 또한 신흥폭력배가 증가하는 것은 기존폭력배가 세력을 확고하게 유지하고 있지 못한다는 의미로 받아들여질 수도 있다. 왜냐하면 범죄조직은 일정지역에 대한 배타적인 활동을 중시하기 때문이다. 일면에서는 새로운 범죄조직의 활동범위가 형성되고 있는 것이라고도 생각된다.

Ⅱ. 조직범죄의 유형

조직범죄는 수익이 있는 모든 분야에 걸쳐서 발생한다고 할 수 있다. 다만 일반 기업이나 국가기관이 관여하는 분야에 대해서는 제외되고 있으나, 일부 기업과 관련되어서는 밀접한 관련을 맺거나 기업을 빼앗는 경우도 발생하고 있다.[47] 물론 마피아와 야쿠자 또

---

47) 조직범죄는 인종, 민족, 지역적 유대를 중심으로 형성되고 있으며 마약밀거래, 도박, 고리대금, 노동조합운동 불법개입, 매춘, 합법기업침식, 독점 및 부정경쟁 등 사회 전반에 대해 지대한 영향을 미치고 있다. 이들은 대기업을 위협하는 각종 난제를 보호해 주며, 독재정권과

는 삼합회에 관한 연구에서 보면 정치인들이나 기업인들과 밀접하게 연결되어 활동하거나 심지어 그들을 조정하고 있다는 주장도 있다.[48] 우리나라의 경우 과거 정치인들과 연결되어 정치깡패라는 형태의 범죄조직이 있었다는 연구[49]가 있으나, 현재 범죄조직 중 법집행기관을 좌우하는 거대조직은 없는 것으로 판단된다. 하지만 범죄조직의 실체가 쉽게 외부에 드러나지 않기 때문에 실상에 대한 정확한 판단은 힘들다고 생각한다. 왜냐하면 미국에서도 마피아의 실체에 대한 판단은 마피아의 범죄행위가 발생한 수십 년 후에 이루어졌기 때문이다.

조직범죄의 유형은 우리나라의 범죄조직이 수익을 얻는 수입원의 유형이라고 할 수 있다. 과거 기생적 형태의 범죄조직이 기업형 범죄조직으로 변신한 유형은 조직범죄를 통하여 쉽게 접할 수 없기 때문에 기업형 범죄조직에 대한 실제 사례는 들 수 없었다. 또한 사례의 내용이 주로 범죄행위에 중점을 두었기 때문에 실제 유죄가 선고된 것과는 다르기 때문에 비록 신문을 통하여 보도된 내용이라도 가능한 한 부호를 사용하였다.

부패한 정치인들을 위해 살인 청부업이나 고용 깡패의 일을 마다하지 않는다. 이들은 또 섹스무역을 통해 여자들을 매매하고 노예화하기도 한다(조선호, 앞의 책, 13면 - 14).

48) 1963년 11월 22일 발생한 죤 F 케네디의 암살에 대하여 마피아가 개입되었다는 주장이 있다. 물론 명확하게 밝혀진 사실은 아니지만, 상당히 설득력 있는 근거를 바탕으로 하는 주장으로 보인다(안혁, 앞의 책, 270~308면 참조).

49) 한국정치에서 1948년 대한민국 정부수립 이래 12년간의 이승만 독재정권과 30여 년간의 군부출신 권위주의 정권들 동안 발생한 주요 정치폭력의 사례는 정치·도덕적으로 결합해서는 안 될 두 요소(정치권력과 조직범죄)가 상호필요에 의해 인위적으로 결합되어 태어난 사생아였다. 약 반세기 동안 한국에서 정치권력과 조직범죄가 밀착하는 근본적 동인이 양자의 상호이익(정권유지와 정치적 보호)이라는 점에서 변치 않았지만 시간이 흐름에 따라 그 유착의 패턴은 많은 변화양상을 보여 준다(조성권, 「한국조직범죄사 - 조직범죄와 정치권력」, 한성대학교 출판부, 2006, 21면).

1. 유흥업소 갈취

유흥업소를 상대로 하는 갈취는 조직범죄의 전형적인 유형이다. 즉 유흥업소를 상대로 보호비를 받거나 조직원을 유흥업소에 고용하도록 강요하는 것이다. 범죄조직은 보통 관할구역50) 내에 있는 업소로부터 보호비 명목으로 금품을 갈취하거나, 그들의 조직원을 유흥업소의 지배인이나 영업부장 등으로 취업시키고 보수명목으로 수금하거나 외상값을 받아 주는 데 따른 몫 등으로 자금원을 확보해 왔다.51)

〈사례 1-1: 조폭 57명에 최고 7년 징역형〉52)

부산의 최대 번화가인 서면 일대를 무대로 활동해 온 조직폭력배 50여 명에게 최고 7년의 징역형이 선고됐다. 부산지법은 4일 폭력조직을 결성해 이권을 놓고 다른 조직과 충돌을 빚은 혐의(범죄단체 구성 등)로 구속 기소된 ○○파 조직원 34명에 대해 징역 1년에 집행유예 3년에서 징역 7년의 실형을 각각 선고했다.

〈사례 1-2: 경찰 신흥조폭 ○○파 조직원들 일망타진〉53)

서울 방배경찰서는 11일 폭력조직을 결성해 유흥업소 등을 상대로 폭력을 휘두르고 금품을 뜯어 온 혐의(범죄단체조직 등)로 ㄱ

---

50) 조직폭력의 활동영역이란 각 조직구성원들이 먹고살 만한 자금을 포함, 크게는 조직의 존속을 위해 벌이는 활동범위를 말하며, 관할구역이라고도 한다. 그래서 관할구역(나와바리)은 폭력조직원의 생활터전이며, 조직의 근간으로 작용하는 관계로 다른 조직원이 그들의 관할구역을 침범했을 때는 반드시 상대편에 대하여 보복하는 것이 폭력조직의 불문율이다. 93년 5월 28일 청주관광호텔 지하 '실버스타'나이트클럽 내에서 잠을 자던 파라다이스 폭력조직 두목 신윤식을 경쟁조직인 시라소니파 폭력배들이 손도끼 등으로 난자, 살해한 사건의 경우도 관할구역 침범이 그 주된 이유였다(조선호, 앞의 책, 151면).

51) 조선호, 위의 책, 151면.

52) 조선일보 2009. 5. 4.

53) 세계일보 2003. 8. 11.

(28) 씨 등 ○○파 조직원 7명에 대해 구속영장을 신청하고 ㅇ(27) 씨 등 3명을 같은 혐의로 불구속 입건했다.

〈사례 1-3: 서민 울린 신흥조폭 64명 검거〉[54]

와해된 폭력조직을 재건해 고리대금업 등 각종 이권에 개입해 서민과 업주 등을 갈취하고 폭력을 행사해 온 신흥폭력조직원 64명이 경찰에 무더기로 적발됐다. 부산 해운대경찰서는 19일 ○○파 두목 ㄱ(52) 씨와 행동대장 ㄱ(41) 씨 등 15명을 범죄단체구성, 폭력행위 등의 혐의로 구속하고 행동대원 ㅇ(34) 씨 등 49명을 불구속 입건했다.

2. 상가 등의 갈취

시장상인이나 노점상을 상대로 보호비, 관리비 등을 불법으로 갈취하는 유형으로 유흥업소 갈취와 함께 전형적인 조직범죄의 유형이다.

〈사례 2-1: 조폭 41명 검거 업주 협박 보호비 뜯어〉[55]

부산의 대표 관광지 중 하나인 태종대공원 일대에서 각종 이권에 개입해 돈을 뜯어 온 폭력조직이 경찰에 붙잡혔다. 부산지방경찰청 광역수사대는 2일 태종대 일대에서 영업하는 업주들에게 보호비 명목으로 금품을 뜯어낸 혐의로 ○○파 두목 ㅇ(45) 씨 등 5명을 구속하고 나머지 일당 36명을 불구속했다.

---

54) 문화일보 2009. 5. 19.
55) 조선일보 2009. 6. 3.

3. 도박장 개장

이 유형은 범죄조직이 불법으로 도박장(하우스)을 개장하여 자릿세 명목으로 '고리'를 뜯거나 현장에서 높은 이자의 도박자금을 빌려 주거나 사기도박을 행하는 유형이다.56)

⟨사례 3 – 1: 임신부 폭행 조폭입건⟩57)

충북지방경찰청은 1일 임신부를 폭행해 다치게 한 혐의(상해)로 청주시내 조직폭력단체 일원인 ㅇ(42) 씨를 불구속 입건했다.

⟨사례 3 – 2: '기업형 조폭' 경찰에 지분 주며 불법오락실 51개 운영⟩58)

경기경찰청 광역수사대는 17일 군포와 안양 일대에 불법 성인오락실 51곳을 차린 뒤 업소마다 게임기 50~70대를 갖추고 영업을 해 온 혐의로 폭력조직 'ㅇㅇ파' 두목 ㅇ(44) 씨를 구속했다.

⟨사례 3 – 3: 조폭 낀 사기도박단, 20억 챙겨⟩59)

조직폭력배가 개입된 사기도박단이 경찰에 붙잡혔다. 충남경찰청 광역수사대는 경기도 수원의 폭력조직 행동대원 ㅊ(28) 씨가 낀 사기도박단을 검거해 25일 ㅊ 씨 등 6명을 사기도박혐의로 구속하고 ㅊ 씨와 짜고 사기도박을 벌인 모 자동차 공장근로자 ㅂ(38) 씨 등 2명을 같은 혐의로 붙잡아 조사 중이다.

---

56) 빚을 갚지 않는 사람에 대해서 납치 폭행을 행사하기도 하고, 일반인들의 채권채무, 어음변제의 해결을 위해 청부폭력을 행사하는 활동으로 돈을 받기도 한다(조선호, 앞의 책, 153면).
57) 조선일보 2009. 6. 1.
58) 조선일보 2009. 4. 18.
59) 조선일보 2009. 3. 25.

〈사례 3 - 4: 공장직원 조폭 끼고 사기도박〉[60]

○○차 생산공장 직원들이 조직폭력배와 함께 사기도박단을 조직한 뒤 동료들을 상대로 수십억 원을 뜯어내다 경찰에 적발됐다. 충남지방경찰청 광역수사대는 25일 사기도박을 벌인 혐의로 ㄱ(40) 씨 등 ○○차 노조원 3명, 이들과 연계한 수원 지역 조직폭력배 N파의 조직원 2명 등 모두 6명을 구속했다고 밝혔다. 경찰은 또 노조원 ㅂ(42) 씨 등 2명을 불구속하고, 달아난 노조원 ㅈ(39) 씨 등 4명을 지명 수배했다.

〈사례 3 - 5: 필리핀 도박장 '생중계' 인터넷 도박조직 검거〉[61]

해외에 도박장을 개설한 뒤 인터넷 도박 사이트로 도박 장면을 국내에 생중계하면서 10개월간 200억 원을 챙긴 도박조직이 검거됐다.

4. 보험사기 개입

고의로 보험관련 사건을 조작하여 보험금을 갈취 또는 편취하는 유형이다.

〈사례 4 - 1: 자해공갈단 101명 무더기 적발〉[62]

교통사고를 유발한 뒤 피해자들을 상대로 전문적으로 금품을 뜯어온 '자해공갈' 조직폭력배 등 100여 명이 무더기로 경찰에 적발됐다.

---

60) 조선일보 2009. 3. 25.
61) 세계일보 2009. 5. 8.
62) 문화일보 2009. 2. 11.

5. 유흥업소 등 경영

일부 거대한 범죄조직의 경우에는 유흥업소를 직접 경영하거나 동업형식으로 유흥업소를 경영하여 범죄조직의 지속적인 자금조달을 꾀한다.[63]

〈사례 5 – 1: '노래방 접대료 주지 않는다' 폭행한 조폭 검거〉[64]

울산 남부경찰서는 보도방을 운영하면서 접대료를 지불하지 않은 노래방 손님을 감금하고 폭행한 조직폭력배 추종세력인 ㄱ 씨(23) 등 3명을 폭력행위 등 처벌에 관한 법률 위반 혐의로 붙잡아 조사 중이며, 달아난 ㅈ 씨를 수배 중이다.

〈사례 5 – 2: 조폭 추정자에 '맞고, 월급 떼이고'〉[65]

울산 남부경찰서는 21일 성매매업을 하면서 종업원을 때리고 인건비를 주지 않은 조직폭력배 추종자인 ㅈ 씨(34) 등 3명을 공갈 등의 혐의로 붙잡아 조사 중이다. 경찰에 따르면 ㅈ 씨 등 3명은 지난 2006년 5월께 울산 중구의 한 건물을 임대해 컴퓨터 포커와 고스톱 도박장을 운영하며 부당이익을 챙긴 혐의를 받고 있다.

〈사례 5 – 3: 흉기 휘두른 조폭 검거〉[66]

손님에게 흉기를 휘두른 조직폭력배가 경찰에 붙잡혔다. 제주서부경찰서는 20일 손님이 반말을 하자 폭행하고 흉기를 휘두른 조직폭력배 ㅁ 씨(27)를 폭력혐의로 붙잡아 조사 중이다. 경찰에 따

---

63) 조선호, 앞의 책, 151면.
64) 조선일보 2009. 5. 25.
65) 조선일보 2009. 5. 21.
66) 조선일보 2009. 5. 20.

르면 ㅁ 씨는 선배가 운영하는 제주시 모 노래텔에서 지난해 12월 2일 새벽 1시 30분께 손님 ㅂ 씨(32)가 "아가씨 있냐?"고 반말을 하자 "왜 반말을 하냐?"며 주먹으로 얼굴을 때리고 흉기를 휘둘러 전치 2주의 상해를 입힌 혐의다.

〈사례 5-4: 석 달간 1,500명 … 인터넷 채팅으로 성매수자 물색〉67)

인터넷 채팅으로 성매수자를 물색, 오피스텔에서 2,000건에 달하는 성매매를 해 온 일당이 경찰에 붙잡혔다. 경찰이 압수한 장부에는 남성 1,500여 명의 성매수 기록과 연락처가 담겨 있어 성매수자들의 무더기 처벌이 예상된다.

〈사례 5-5: '기업형 성매매' 룸살롱, 중견기업 뺨쳐〉68)

서울 강남에 있는 특급호텔 객실 수십 개를 장기 임차한 뒤 기업형 성매매 영업을 벌여 온 기업형 유흥업소가 경찰에 적발됐다.

문제의 기업형 성매매를 알선해 온 룸살롱은 서울 강남구 삼성동 '클럽 M'이다. M 룸살롱은 인근 특급호텔의 객실을 통째로 빌려 영업을 해 오다 경찰에 적발됐다. 지난 1일 찾은 클럽 M은 소파와 집기가 밖으로 나와 있었다. 공사를 하고 있던 인테리어 업자는 "업종을 바꾼다고 해 내부 공사를 시작했다."고 말했다. 하지만 강남을 대표하는 룸살롱과 특급호텔의 유착관계는 아직도 아리송한 부분이 많다.

---

67) 문화일보 2009. 5. 20.
68) 조선일보 2009. 5. 9

6. 연예인 공급

연예인을 공급하여 범죄조직의 수입을 유지하는 유형은 유흥업소의 무희와 가수 등 연예인을 공급하면서 업소출연을 강요하거나 출연료를 갈취하는 방법을 사용한다. 범죄조직은 나이트클럽 등 유흥업소에 '프로덕션'이란 것을 만들어 연예인 출연과 디스코걸, 쇼걸 등의 공급권을 장악하고 이들의 수입을 갈취하기도 한다.[69]

〈사례 6-1: "당시 성(性)상납 수사 때 엄청난 외압 있었다."〉[70]

2002년 검찰의 대대적 연예계 비리 수사가 외압에 이은 수사지휘관 교체로 중단됐으며, 이로 인해 성상납 등에 대한 수사도 물거품이 됐다는 당시 수사 검사의 주장이 나왔다.

7. 부동산 이권개입

이 유형은 부동산 중 급매물이나 전매 등 이권에 개입하고, 부동산 매매와 임대과정에서 폭리를 취하는 등[71] 불법수익을 취득하는 유형이다.

---

69) 1990년 '범죄와의 전쟁' 선포 후 서울 부산 등지에서 검거된 연예인 상대 갈취폭력배는 34명으로 그중 9명이 구속된 바 있는데, 주로 가수, 무용수, 개그맨, 밴드상대 갈취 형태였다. 특히 서울 강동구 ○○동 ○○프로덕션의 경우 N.K 등 유명 연예인과 가수 J 등의 출연 알선료를 연간 약 2억 원 상당 갈취하고 있었다. 이들은 겹치기 출연강요(지방에서 여러 업소에 겹치기 출연하는 경우), 출연방해(경쟁업소에 출연해 폭력을 당한 경우), 연예인 납치 강제공연, 출연료 갈취, 그림 강매 등 많은 피해를 당해도 보복이 두려워 신고하지 못하는 경우가 많다고 한다(조선호, 앞의 책, 151-152면).

70) 조선일보 2009. 4. 16.

71) 조선호, 앞의 책, 153면.

〈사례 7-1: 인천 도심서 조폭 150여 명 '새벽 난투극' … 영화 '친구' 방불〉[72]

지난 1월 20일 새벽 인천의 한 쇼핑몰 앞 대로변에서 마치 영화 '친구'처럼 조폭 150여 명이 패싸움을 벌인 것으로 확인됐다. 27일 인천 삼산경찰서에 따르면 지난 1월 20일 오전 5시 49분쯤 인천시 남구의 한 쇼핑몰 앞 대로변에 갑자기 관광버스 2대가 멈춰 섰다. 이 버스에서는 검은색 점퍼차림의 조직폭력배 수십 명이 몰려나왔고, 반대편에서 또 한 무리의 폭력배가 나타났다. 이들은 곧바로 각목과 쇠파이프를 휘두르며 난투극을 벌였다.

〈사례 7-2: 소유권 다툼 15년 … 심야 집단 난투극〉[73]

4월 27일 오전 서울 강남 ○○호텔 앞에서 입점업소 세입자들이 법원의 강제집행을 막기 위해 철조망과 드럼통으로 출입구를 봉쇄하고 있다.

5일 새벽 1시 10분. 5t 트럭 3대에 나눠 탄 230여 명의 건장한 젊은이들이 서울 서초구 잠원역 근처 공터에 내렸다. 이들은 죽창과 쇠파이프 등을 손에 들었다. 일부는 마스크를 쓰고 있었다. 이들이 향한 곳은 인근의 ○○호텔이었다. 150여 명이 호텔 현관을 에워싸고 출입을 통제하는 가운데 마스크를 쓴 80여 명의 침투조가 출입문을 밀치고 호텔 안으로 들어갔다. 호텔 안에 있던 15명의 경비 용역이 침입을 막으려 했지만 온몸을 폭행당한 채 쫓겨났다.

---

72) 조선일보 2009. 5. 27.
73) 중앙일보 2009. 5. 9.

8. 건설업체 침투

건설공사입찰에 특정업체가 낙찰되도록 하거나 폭력으로 입찰을 따내는 유형이다. 건설업체와 담합이나 탈세를 유도한 후 약점을 빌미로 잡아 협박하여 금품을 갈취하기도 하며[74] 협박을 통하여 건설업체의 인수 또는 아파트 새시 등 건물에 필요한 부품을 독점하는 유형이다.

〈사례 8 – 1: ○○뉴타운 개발 이권 챙기려 '조폭 카르텔' 형성〉[75]

뉴타운 등 재개발 지역에서 '지분 쪼개기' 등을 통해 이권에 개입하고 폭력을 행사한 혐의로 검거된 3개 조직폭력배 일당은 타지역 조폭 등 외부세력을 견제하기 위해 힘을 모으기로 했던 것으로 밝혀졌다. 서울 광역수사대는 1일 서울 ○○동 재개발 구역 내 이권에 개입할 목적으로 '지분 쪼개기'를 시도하고 조합원들에게 폭력을 행사한 □□파 행동대원 ○(28) 씨 등 ○○파, △△파, □□파 등 3개 조직의 조직원 71명을 검거했다고 밝혔다.

〈사례 8 – 2: 투자 빌미 주부 갈취, 조폭 3명 구속〉[76]

서울 강남경찰서는 12일 가정주부를 협박해 수억 원을 뜯어낸 혐의(특수강도 등)로 ○(45) 씨 등 조직폭력배 3명을 구속했다.

---

74) 조선호, 앞의 책, 153면.
75) 조선일보 2009. 6. 1.
76) 조선일보 2009. 5. 12.

9. 기업사냥 및 주가조작

부도기업이나 과다 채무회사를 상대로 하여 청부폭력의 행사나 사체업자와 함께 경영권을 확보하는 유형으로 주가조작에 개입하기도 한다.[77]

〈사례 9-1: 자금난 업체 접근, 돈 한 푼 안 주고 운영권 가로채〉[78]

경영난에 빠진 대형 슈퍼마켓을 인수하겠다며 접근해 돈 한 푼 주지 않고 운영권과 시설 등을 가로챈 사채업자와 조직폭력배들이 경찰에 붙잡혔다. 경찰은 이들 사기 인수단에 의해 피해를 본 슈퍼마켓과 마트 등이 80여 곳이나 되는 것으로 보고 있다.

서울지방경찰청 광역수사대는 19일 '바지사장'을 내세워 자금난을 겪고 있는 대형 슈퍼마켓 사장에게 접근해 운영권을 인수한 뒤, 바지사장에게 사채가 있는 것처럼 서류를 꾸며 슈퍼마켓을 가로챈 혐의(사기 등)로 일당 15명을 검거해 그중 사채업자 ㄱ(41) 씨와 '작업책' ㅈ(48) 씨를 구속하고 조직폭력배 ㅇ(34) 씨 등 13명을 불구속 입건했다.

---

77) 주주총회에 참석하여 소수 주주의 발언권을 핑계로 회의 진행을 방해하는 등 행패를 부리고 배후에서 수습조로 거액의 금품을 뜯어내거나 반대로 회사 측의 부탁을 받고 회의진행을 방해하는 반대파를 제압하기 위해 동원되는 폭력배도 있다. 1989년 7월 6일 검거된 ○○파의 경우 자금난에 시달리는 중소업체에 접근하여 "자금을 융자해 주겠다" 혹은 "동업하자"는 말로 환심을 산 후, 동업 또는 자금융자를 요청받으면 그 즉시 사무실을 점령하고 은행에 당좌를 개설하게 하여 자금관리를 독점한다. 이어 업주를 납치하고 호텔로 끌고 가 칼잡이를 시켜 회칼로 위협하여 어음을 쓰게 하거나 수천만 원짜리 지불각서를 강제로 받아 내는 수법으로 전남 나주의 세광연탄, 서울의 이원무역 등 중소업체 4개 회사를 문 닫게 하고 그에 따른 폭리를 취해 온 것으로 밝혀졌다(조선호, 앞의 책, 153-154면).

78) 문화일보 2009. 5. 19.

10. 노사분규 개입

노사분규에 개입[79]하는 것은 구사대나 철거민의 시위를 제지할 목적으로 개입하는 유형의 조직범죄 유형이다.

〈사례 10 - 1: 기업형 신흥조폭 적발〉[80]

서울 영등포 일대에서 건설 관련 이권과 노사분규에 개입한 대규모 신흥 조직폭력단이 경찰에 적발됐다. 특히 수사기관 최초로 자금추적을 통해 조폭자금 1억여 원을 몰수키로 하는 등 2001년 9월 제정된 '범죄수익 은닉의 규제 및 처벌 등에 관한 법률'이 처음 적용됐다.

〈사례 10 - 2: 철거업체 · 조폭〉[81]

재개발에 반대하는 건물주와 세입자를 쫓아내고 보상금을 적게 지급하기 위해 재개발 지역 내에 수차례에 걸쳐 고의로 불을 지른 철거업체 대표와 조직폭력배들이 경찰에 붙잡혔다.

11. 고리대금업

〈사례 11 - 1: 채무자 불법 감금 조폭 등 무더기 검거〉[82]

충북경찰청 광역수사대는 26일 조직폭력배를 동원해 채무자를 불법 감금한 ㅅ 씨(31) 등 2명에 대해 폭력행위 등 처벌에 관한 법률위반 혐의로 구속영장을 신청했다. 경찰은 또 ㅅ 씨와 함께 채무

---

79) 조선호, 앞의 책, 155면.
80) 세계일보 2003. 6. 19.
81) 문화일보 2009. 4. 28.
82) 조선일보 2009. 5. 26.

자를 불법 감금한 조직폭력배 ㄱ 씨(30) 등 7명도 같은 혐의로 불구속 입건했다.

〈사례 11-2: 父女 죽음 내몬 年 430% 악덕사채〉83)

고리사채를 쓴 여대생을 강제로 유흥주점에 취업시켜 결국 피해자 부녀에게 끔찍한 죽음을 맞게 한 악덕 사채업자 일당이 경찰에 검거됐다.

이들 일당은 연체된 이자를 원금에 포함시켜 대출계약을 연장하는 이른바 '꺾기' 수법으로 대출금을 눈덩이처럼 불린 뒤 채무자들을 갉아먹어 온 것으로 드러났다.

서울지방경찰청 광역수사대는 9일 등록금을 마련하기 위해 찾아온 여대생 등 212명에게 연 120~680%의 초고금리로 돈을 빌려주고 33억 원 상당의 이자를 받아 챙긴 후 돈을 못 갚는 채무자들을 상대로 불법 채권추심을 한 혐의(대부업 등록 및 금융 이용자 보호법 위반)로 사채업자 ㅂ(33) 씨 등 5명을 구속하고, 사채업체 직원 등 13명을 불구속 입건했다. 백 씨 등은 지난 2007년부터 최근까지 서울 강남구 논현동 사무실에서 불법 사채업을 벌이고 빌린 돈을 못 갚는 일부 채무자를 유흥주점에 접대부로 취업시켜 화대를 가로채 온 혐의를 받고 있다.

〈사례 11-3: 성폭행 후 알몸사진 촬영, 악덕 사채업자 4명 적발〉84)

서울 송파경찰서는 여성들에게 고리의 사채를 빌려 주고 돈을 갚지 못하자 성폭행한 뒤 알몸사진까지 찍어 협박한 불법 사채업

---

83) 문화일보 2009. 4. 9.
84) 서울신문 2009. 4. 30.

자 ㅈ(46) 씨에 대해 특수강도 등의 혐의로 29일 구속했다. ㅇ(39) 씨 등 공범 3명은 같은 혐의로 불구속 입건했다.

12. 기타

〈사례 12 - 1: '조폭 피해' 사건, 공무원 중징계〉[85]

강원도에서 산림개발연구원 직원 15명이 조직 폭력배를 사칭한 ㅇ(31) 씨에게 17개월 동안 폭행 및 금품을 갈취당하는 등의 사건이 발생한 것과 관련해 공무원 2명을 지휘감독 책임을 물어 직위해제 등 인사 조치했다. 금명간 이에 상응하는 징계를 단행하기로 했다.

〈사례 12 - 2: "아가씨 내놔" 집창촌서 행패 조폭 검거〉[86]

전북경찰청 광역수사대는 19일 자신들이 관리하던 여종업원을 빼돌렸다며 성매매 집결지에서 행패를 부린 혐의(폭력행위처벌법상 집단·흉기 등 손괴)로 광주 모 폭력조직원 ㄴ(28) 씨 등 2명에 대해 구속영장을 신청하고 동료 조직원 ㅂ(25) 씨 등 상근 예비역 3명을 군 헌병대에 인계했다.

〈사례 12 - 3: 조폭 뺨치는 오토바이 날치기 절도단 적발〉[87]

폭력조직처럼 행동강령을 만들어 상습적으로 금품을 훔쳐 온 오토바이 날치기 전문절도단이 경찰에 적발됐다.

---

85) 조선일보 2009. 5. 20.
86) 조선일보 2009. 5. 19.
87) 조선일보 2009. 5. 12.

〈사례 12 - 4: 폭력 행사 조폭 등 3명 검거〉[88]

충북경찰청 광역수사대는 6일 째려본다는 이유로 노래방에서 폭력을 행사한 청주지역 조직폭력배 ㄱ 씨(31)에 대해 폭력행위 등 처벌에 관한 법률위반 혐의로 구속영장을 신청하고 달아난 ㅇ 씨(31)의 행방을 쫓고 있다.

〈사례 12 - 5: 상대 조직원 폭행 조폭 구속〉[89]

부산경찰청 광역수사대는 4일 대립 관계에 있는 폭력조직원이 시비를 걸자 술병으로 마구 때린 ㄱ 씨(27)를 폭력 등의 혐의로 구속했다.

〈사례 12 - 6: 여자 친구 성매매시켜 번 돈 조폭에게 뺏긴 20대〉[90]

경북 구미경찰서는 21일 여자 친구를 성매매시켜 번 돈을 갖고 있는 20대를 둔기로 마구 때린 뒤 목걸이와 현금카드 등을 빼앗은 대구 동구연합파 조폭 A 씨(20, 대구) 등 2명에 대해 특수강도 혐의로 구속했다.

〈사례 12 - 7: 대전서 조폭이 남고생 협박, 도우미로 내세워〉[91]

남자 고등학생들을 노래방 도우미로 취업시켜 알선료 명목으로 돈을 뜯어낸 조직폭력배들이 경찰에 붙잡혔다. 대전둔산경찰서는 9일 미성년자를 노래방도우미로 알선하고 그만두지 못하도록 협박하고 폭력까지 행사한 혐의(폭력행위 등 처벌에 관한 법률 위반)로

---

88) 조선일보 2009. 5. 6.
89) 조선일보 2009. 5. 4.
90) 조선일보 2009. 4. 21.
91) 조선일보 2009. 4. 9.

대전 시내 모 폭력조직원 ㅎ(24) 씨 등 3명을 구속하고 ㅇ(24) 씨 등 9명을 불구속 입건했다.

〈사례 12 – 8: 中조폭 연계 '보이스피싱' 일당 검거〉[92]

중국 폭력조직과 연계해 전화금융사기(보이스피싱)를 벌여 온 국내 조직원 19명이 일망타진됐다. 이들 일당은 당국의 감시를 따돌리기 위해 20~30대 무직자와 중국 동포 등을 대거 조직원으로 끌어들여 체계적으로 관리하고, 범행 대상 물색을 위해 국내 대학 동문 연락처까지 파악하는 등 치밀하게 범행을 준비했던 것으로 드러났다.

Ⅲ. 외국인에 의한 조직범죄

최근 우리나라를 선호하여 한국행을 선택하는 외국인의 숫자가 늘고 있다.[93] 다수의 외국인이 우리나라로 입국하거나, 결혼이나 귀화를 통하여 우리나라 국민이 되고 있다. 이러한 현상은 세계적인 경제난과 우리나라의 외국인 수요가 맞물려 이루어지고 있다. 그런데 이러한 외국인과 우리나라 국민이 된 사람들 중에는 미국에서 활동하고 있는 마피아 등 다양한 형태의 범죄조직의 발생이 그러하였듯이 범죄조직을 구성하는 경우가 있다. 이것은 우리나라가 새로운 범죄현상에 대처해야 한다는 것을 의미함과 동시에 종합적인 조직범죄 대책이 시급하다는 것을 뜻한다.

---

92) 문화일보 2009. 3. 4.
93) 경향신문, 2009. 5. 11.

국제화·개방화에 따른 인적·물적 교류의 증대에 편승하여 국
제성 범죄가 날로 증가, 지능화·조직화됨에 따라 경찰에서도 다각
적인 대응방안을 마련하여 시행하고 있다. 전국 238개 경찰서에
'외국인범죄 수사 전담반'(1,010명)을 지속적으로 운영하여 체류외
국인 관련 범죄첩보 수집 및 범죄수사 활동을 펼치는 한편 외국인
밀집지역을 관할하는 전국 110개 경찰서에 분기별 외국인 범죄대
책 실무협의회를 운영하여 외국인 범죄 예방활동을 강화하고, 관련
기능과 상호 유기적 협력체제를 구축하였으며, 외사 수사요원에 대
한 직무교육 및 외국 경찰기관과의 수사공조체제 강화, 일반인의
신고협조 유도 등의 끊임없는 노력을 경주하고 있다[94]

〈표 3〉 외국인범죄 단속현황

연도	계	살인	강도	강간	절도	폭력	지능범	기타	처리결과	
									구속	불구속
2000	3,438	18	58	17	444	1,174	449	1,278	660	2,778
2001	4,328	40	113	34	590	1,380	589	1,582	883	3,445
2002	5,221	47	100	41	599	1,865	568	2,001	881	4,340
2003	6,144	32	137	49	630	2,071	834	2,391	1,134	5,010
2004	9,103	60	157	52	825	2,424	1,965	3,620	1,800	7,303
2005	9,042	42	124	62	821	1,919	3,340	2,734	2,169	6,873
2006	12,657	72	107	68	971	2,483	6,229	2,727	1,156	11,501
2007	14,524	54	118	114	1,213	3,369	5,685	3,971	1,341	13,183
2008*	20,623	85	133	114	1,343	4,940	7,472	6,536		

출처: 2008 경찰백서
* 2008년 통계는 경향신문 2009. 5. 11. 참조

〈사례 13 - 1: 지문 감식 안 돼 추적 어려운 '유령 조직'〉[95]

지난 10일 저녁 경기 수원역 부근 재래시장 먹자골목. 서남아시

---

94) 경찰청, 「2008 경찰백서」, 경찰청, 2008, 306면.

아계로 보이는 외국인 노동자 서너 명이 선술집에서 술을 마시고 있었다. 인근 식품점과 옷가게에서는 생필품과 옷을 사는 외국인도 눈에 띄었다. 같은 날 외국인 밀집지역인 안산시 ○○구 일대도 중국·동남아시아계 외국인들로 북적였지만 대체로 평온한 분위기였다. 외국인 범죄가 가장 많이 발생하는 우범지대라는 게 믿기지 않을 정도다.

⟨사례 13 - 2: 자국인 폭력배에 빼앗기는 '코리안드림'⟩[96]

한국에 돈 벌러 온 방글라데시인 ○○ 씨(37·가명)는 요즘 일보다 이곳저곳 떠돌며 숨어 다니고 있다. 한국에서 활동하는 방글라데시 조직폭력 실상을 우리 경찰에 알렸다는 이유로 '보복 표적'이 된 것이다. 경찰 도움으로 어렵게 만난 그는 "(자국인 조폭에게) 잡히면 나는 물론이고 고향에 있는 가족들까지 모두 죽는다."면서 두려움에 떨었다. 불법체류자에다 자국 조폭에게 쫓기는 도망자 신세인 그에게 코리안드림은 사라진 지 오래된 듯했다.

⟨사례 13 - 3: '마약 수렁'에 빠진 코리안드림⟩[97]

'코리안드림'을 꿈꾸며 한국에 온 태국인 노동자들이 '마약의 수렁'에 빠져들고 있다.

부산경찰청 마약수사대는 26일 태국산 신종 마약인 '야바'를 들여와 판매한 태국인 판매조직과 투약자 등 모두 221명을 검거했다. 판매총책인 태국인 ㅎ 씨(30) 부부와 판매조직원 등 6명은 마약류

---

95) 경향신문 2009. 5. 12.
96) 경향신문, 2009. 5. 11.
97) 경향신문, 2008. 11. 26.

관리법 위반 혐의로 구속됐다. 이들로부터 야바를 구입해 투약한 ㅋ 씨(27) 등 태국인 215명은 불구속 입건됐다.

제4장 조직범죄에 관한 정책

I. 의의

경찰이 조직범죄에 어떻게 대응해야 하는가의 핵심은 어느 정도 범죄조직을 파악하는가에 달려 있다. 비조직범죄(일반범죄)[98]의 발생에 대하여 다양한 형태로 접근이 가능하지만 범죄조직은 일시적 범죄행위를 주로 하는 일반범죄인(자연인 또는 법인)과 다르기 때문에 범죄에 대한 접근에서부터 특성화되어야 한다.

본 연구에서는 조직범죄의 한 유형으로서 폭력을 주된 범죄수단으로 사용하는 범죄뿐만 아니라 비조직범죄와 구분되는 특수한 형태의 범죄를 조직범죄로 이해하고자 한다. 즉 조직범죄를 위에서 조직범죄의 유형으로 사례를 제시한 유흥업소갈취, 상가 등의 갈취, 도박장 개장, 보험사기 개입, 유흥업소 등 경영, 연예인 공급, 부동산 이권개입, 건설업, 기업사냥 및 주가조작, 노사분규 개입, 고리대금업 등과 관련된 범죄를 모두 조직범죄로 취급해야 한다고

---

98) 형법에서는 범죄를 결과범(실질범)과 거동범(형식범), 침해범과 위험범, 즉시범·계속범·상태범, 일반범·신분범·자수범·의무범, 목적범·경향범·표현범, 자연범·법정범 등으로 구분하고 있다. 그러나 조직범죄의 위험성 내지 해악성을 고려한다면 조직범죄와 비조직범죄로 구분할 수도 있다고 생각한다.

생각한다.

과거 유흥가나 건설업, 사채업 등에 기생하던 범죄조직의 활동영역은 기업인수, 카드할인, 도박, 마약, 장기매매, 인신매매, 청부폭력, 불법선거 관여, 상가분양, 마약밀수 등 다양 분야로 확대되고 있다. 또한 합법적인 사업을 병행하고 있다.99)

종래에는 기생적 형태로 활동하던 범죄조직이 자립적·기업적 형태로 변화함으로써 사회·경제시스템을 악용하는 사회구조적인 범죄를 행하고 있으며, 범죄조직이 사용하는 합법적인 사업의 수단은 범죄조직의 위력을 배경으로 하기 때문에 그 위험성은 극대화되고 있다. 특히 국제화와 개방화에 따른 국제범죄조직들도 초국가적 세력을 형성함으로써 국제사회는 조직범죄의 심각한 문제에 직면하고 있는 실정이다.100)

조직범죄에 대한 대응방안은 범죄조직을 계속 유지할 수 있는 범죄조직 내·외의 여건을 제거함이라고 할 수 있다.101) 따라서 조직범죄에 대한 효과적인 대응은 조직범죄를 통하여 얻는 불법수익

---

99) 이처럼 조직의 체계 및 활동의 변화 또한 이루어지고 있어, 조직범죄집단을 단속할 경우에 수뇌부까지 효과적으로 단속하기 어려운 것이 현실이다. 즉 과거의 조직범죄집단에 대한 대처방안으로는 다양화되고 있는 오늘날의 조직범죄집단에 효율적으로 대처하기 힘들게 되었다(도중진, 앞의 책, 33면).

100) 이들 범죄조직은 국제적 연계성을 가지고 이익이 되는 것이면 활동대상과 수단을 가리지 않고 범행을 일삼고 있는 실정이다. 즉 무기 및 마약류밀매, 유가증권의 위조·변조와 유통, 장기밀매와 인신매매, 심지어는 핵물질밀매에까지 관여하고 있는 실정이다(Francis Ianni, Elizabeth Reuss-Ianni, Organized Crime: Overvies, in: Encyclopedia of Crime and Justice, vol.3, 1094~1106면; 도중진 위의 책, 34면 재인용).

101) 통상의 범죄에 대한 기존의 규율방식만으로는 조직범죄에 효율적으로 대처할 수 없다는 인식의 공감대가 각국에 형성되면서 각국의 형사입법은 다양한 형태의 조직범죄에 효과적으로 대처하기 위하여 국내적으로 수사기관에 광범위한 재량과 법률상의 권한을 부여할 뿐만 아니라 국제적인 차원에서도 조직범죄로 인한 불법획득자금의 합법화 과정과 밀접한 관련을 맺고 있는 자금세탁범죄 등에 대한 효과적인 제어장치를 마련하고자 하는 추세이다(도중진, 위의 책, 34면).

(범죄조직이 합법기업에 진출한 경우에는 불법수익과 연결된 합법수익도 포함시킬 수 있다)의 제거와 범죄조직의 구성원에 대한 법적 통제라고 할 것이다. 물론 조직범죄에 대한 효과적인 수사기법의 개발을 통하여 조직범죄의 발생과 범죄조직의 실체를 밝혀내는 것도 조직범죄의 대응에 있어서 전제되는 방안이다. 하지만 수사기법을 통한 범죄조직의 구성원에 대한 법적 처벌만으로는 조직범죄의 근본적인 대응방안이 될 수 없다는 점에서 효과적인 대응방안은 조직범죄에 대한 수사기관의 효과적인 활동 외에도 범죄조직을 분석하고 범죄조직이 우리 사회에서 활동할 수 없도록 하는 전반적인 대응방안이 모색되어야 한다.

Ⅱ. 조직범죄에 관한 정책

대검찰청은 2009년 2월 13일 서울 서초구 서초동 대검청사에서 서울중앙지검을 포함, 부산·대구·광주·수원·인천지검 등 전국 6대 지검의 마약조직범죄 수사부장들이 참석한 가운데 마약조직범죄 수사 부장 회의를 열고, "검찰은 조직폭력과 관련해 기소중지된 폭력사범에 대해 검거 활동을 강화하고, 범죄단체 활동죄를 적극 적용하기로 했다."[102]는 내용이 보도되었다. 조직범죄에 관련하여 이러한 노력이 일면 효과를 발휘할 수 있을 것이라는 기대는 가능하다.

그러나 이러한 노력이 최선의 방법인가 또는 조직범죄의 새로운 변화에 적합한 것인가는 의문이 아닐 수 없다. 왜냐하면 새로운 방

---

102) 문화일보 2009. 2. 13.

법에 의한 변화가 아니라 기존의 제도를 과거보다 좀 더 강력하게 실시하자는 내용에 그치고 있다고 할 수 있기 때문이다.

조직범죄에 대한 정책은 일부 국가기관에 의한 정책의 실행이 아니라 형사사법기관이 국민의 지지를 기반으로 총체적인 형태로 이루어져야 할 뿐만 아니라 수사기관과 조직범죄, 범죄조직의 유지기반, 조직범죄와 조직범죄의 피해자, 조직원과 범죄조직 등에 관하여 구체적이고 제도적으로 이루어져야 하기 때문이다.

형사소송법상의 원칙 중 소극적 실체진실주의는 "열 사람의 범인을 놓치는 한이 있더라도 한 사람의 죄 없는 사람을 벌하여서는 안 된다."(Better ten guilty escape than one innocent suffers)는 말로 표현된다. 이와 유사하게 조직범죄에 관한 정책은 "열 사람의 범인을 놓치는 한이 있더라도 한 사람의 조직범죄의 피해자를 만들어서는 안 된다."(Better ten guilty escape than one victim of organized crime)는 정신으로 수립되어야 한다고 생각한다.

1. 조직범죄에 관한 수사정책

(1) 지속적인 수사환경의 조성

조직범죄에 관한 수사는 우선 범죄조직의 실체를 파악하여 처벌의 대상이 되도록 하여야 한다. 범죄조직의 실체파악의 전제가 되는 것은 범죄조직 내부의 사정 특히 조직원의 구성이나 역할에 대하여 구체적인 내용을 확보하는 것이 전제가 되어야 한다.

효과적인 조직범죄의 수사는 범죄조직의 구성원인 조직원의 진술이 매우 중요하다. 조직원이 상부조직원이건 하부조직원이건 범죄조직의 실체가 파악될 수 있다면 조직범죄에 대한 수사는 매우 유용하게 될 것이다. 그러나 이들의 진술을 확보하기는 매우 어려운 것이 사실이다.[103] 따라서 이러한 이들의 진술을 확보할 수 있는 방안이 모색되어야 한다.

이러한 곤란을 제거하기 위한 수사정책으로 조직범죄에 관한 지속적인 수사환경을 조성할 필요가 있다. 일시적인 단속을 통하여 겉으로 드러난 조직원들을 검거하여 조직범죄에 대한 대책이 되었다는 자기만족적 입장이 아니라, 수년 동안 지속적으로 범죄조직을 파악하고 조직원들에 대한 역할과 활동을 감시할 수 있는 수사환경을 조성하여야 한다. 특히 특정 지역에서만 활동하는 범죄조직인 경우 이미 발생한 사건의 담당자만 그 범죄조직에 관한 정보를 습득하고 그치는 경우도 있을 수 있다. 이러한 현상은 조직범죄에 대한 일시적 단속에 그치기 때문이라고 생각된다.

조직범죄에 대응할 효과적인 수사환경의 조성은 조직범죄를 담당할 전문화된 수사요원의 교육과 확보 그리고 이들로 구성된 조직범죄 전담기구를 만드는 것으로서 가능하다고 하겠다.[104]

---

103) 실제로 범죄를 직접 실행한 하급조직원들을 검거하더라도 그들로부터 조직의 실체, 모의 내용, 상부선의 지휘 가담 여부, 범행 지시 등에 대한 자백을 얻어 내는 경우가 극히 드물다. 조사 대상 구성원들은 조직 관계에 대하여 침묵으로 일관하는 것이 대부분이다. 그렇게 함으로써 조직으로부터 보호를 받을 수 있고, 자신의 사건도 개인적 우발적인 사건으로 처리되어 가벼운 처벌을 받을 수 있게 되기 때문이다(조선호, 앞의 책, 206면).

104) 조직범죄를 효율적으로 대처하기 위해서는 조직범죄에 대한 정보를 지속적으로 수집 · 축적하고 새로운 수사기법을 개발해 나갈 수 있는 전문화된 수사요원이 필요하다. … 검찰, 경찰, 국세청, 관세청, 은행감독원, 시 · 도 지방자치단체 등에서 관련된 업무에 종사하는 전문인력을 모아 조직범죄에 대한 정보수집에서 재판 단계에 이르기까지의 전 단계를 일사분란하게 활동하게 하는 것이 필요하다(조선호, 위의 책, 208 - 209면).

(2) 독립적인 수사기구의 구성

본 연구에서는 약간 중요시하지 않았지만 조직범죄의 특성 중 중요한 요소 중의 하나는 범죄조직이 다양한 외부의 부패세력과 결탁된다는 사실이다. 마피아나 야쿠자 또는 삼합회의 많은 연구를 보면 정치인·일반 공무원·검찰·사법부공무원·기업가·노조위원(장)·언론인 그리고 경찰과 밀접한 관련을 맺고 있다는 사실이 확인된다.

이러한 현상은 범죄조직이 법집행기관에 의한 통제를 피하기 위한 일종의 보호막을 확보한다는 것을 의미한다. 법의 집행에서 가장 강력한 힘을 가진 자는 정치인 중 대통령이라고 할 수 있는데, 마피아의 경우는 대통령의 선거에 조력함으로써 대통령 당선 후 일정한 이익을 챙기거나 자신들의 법적 처벌을 최소화하는 사례까지 있다는 주장도 있다.

따라서 조직범죄에 대한 효과적인 수사를 위해서는 외부의 어떠한 압력에도 견딜 수 있는 독립적인 수사기구를 구성해야 한다. 물론 다른 많은 사회문제와 범죄가 존재하는데 어떻게 조직범죄에 관해서만 이렇게 할 수 있는가라는 반문이 있을 수 있다. 그러나 본 연구에서는 내·외부의 압력과 부패 등에 의하여 가장 처벌하기 힘들고 그 근본을 제거하기 힘든 것이 조직범죄라고 생각하기 때문에 이와 같은 정책이 필요하다고 생각한다. 예컨대, 조직범죄의 수사과정에서 조직원에게 피해자의 사적 정보를 누설할 경우 범죄조직에 대한 기소는 불가능할 수도 있으며, 심지어 검사가 범죄조직과 결탁하여 조직범죄의 성립을 부정한다든지, 기소되어 유죄가 확실하게 된 조직범죄를 법원에서 범죄의 중대성에 비하여

경미하게 형을 선고한다든지, 또는 중형을 받은 조직원에 대하여 사면이 이루어진다면 조직범죄는 결코 사라질 수 없게 될 것이다.

독립적인 수사기구의 구성은 범죄조직과 관련된 수사기구 외부의 세력 등의 압력을 방지하고자 함이다.

2. 조직범죄에 의한 피해자를 위한 정책

"우리 사회는 법보다 주먹이 가깝다."[105]라는 법에 대한 불신풍조의원인을 단순히 법을 지키기 싫어하는 것으로 이해하여서는 안 된다. 특히 조직범죄에 있어서는 범죄조직의 위협으로부터 법이 국민을 적절하게 보호하는가에 대한 판단이 매우 중요한 요소라고 할 것이다. 조직범죄의 피해자가 겪는 고통은 1회성이 아니기 때문에 그 피해는 더욱더 크다.[106] 보통 범죄의 경우 가해자가 법에 의하여 처벌받음으로써 범죄피해의 치유가 완전히 이루어지지는 않지만 어느 정도 안전의 확보가 가능해진다고 할 수 있다. 그러나

---

105) 한국형사정책연구원이 서울 등 7개 도시 1,505명을 상대로 실시한 설문조사 결과를 분석한 '한국 사회 폭력문화의 구조화에 관한 연구'보고서에 따르면 '말이나 법으로 해결되지 않는 일이 폭력으로 해결되는 경우가 많다고 보느냐'는 물음에 37.5%(565명)가 긍정적으로 답했다. 34.4%(517명)는 '그렇지 않은 편'이라고 응답했고 '그렇지 않다'거나 '전혀 그렇지 않다'고 대답한 응답자는 28.1%(423명)에 불과했다. 또 응답자 5명 중 1명꼴로 '폭력에는 폭력으로 맞서야 한다'고 대답했으며 32.6%의 응답자는 '사소한 일에 법적인 해결보다 폭력이 효과적'이라는 데 긍정적인 반응을 보였다(문화일보 2009. 2. 12).

106) 범죄에는 늘 어느 정도 낭만적인 요소들이 있다. 부자들의 재산을 훔쳐 가난한 사람에게 나눠 주는 산적이나 명예에 살고 명예에 죽는 도적의 이야기로 가득한 영문 문화만을 말하는 것이 아니다. 미국 문화의 온상인 할리우드 영화들은 80년이나 된 갱스터와의 애정관계를 끝낼 기미조차 보이지 않는다. 일본 만화는 전설적인 야쿠자들을 찬양하고, 다우드 이브라힘 같은 인도 갱스터들은 일부 사람들에게는 영웅으로 대접받는다. 그러나 조직범죄에 덧붙은 이런 매력은 그 자체로 위험한 요소가 되었다. 그것은 우리로 하여금 간단한 사실을 보지 못하게 할 수 있고 그 때문에 우리는 위험에 처할 수 있다. 잔인한 범죄조직들이 해마다 무방비 상태의 수백만 명을 착취하고 전 세계적으로 인류에 비참함만 더할 뿐이라는 사실을 감춰서는 안 될 것이다(데이비드 사우스웰/추미란,「조폭연대기」, 이마고, 2008, 363면).

조직범죄의 경우에는 가해자의 처벌이 이미 입은 범죄의 피해로부터 자유롭게 되지 아니한다. 왜냐하면 범죄조직은 피해자에 대한 지속적인 보복을 꾀하고 있기 때문이다.

따라서 조직범죄에 대한 정책의 수립은 조직범죄에 의한 피해자의 피해를 어떻게 적절하게 치유하고 범죄조직에 의한 새로운 (보복)범죄로부터 보호하는가에 노력을 기울여야 한다.

(1) 조직범죄의 인지와 1차적 피해자보호

수사기관에 의한 조직범죄가 인지되었을 때에는 반드시 조직범죄에 의한(1차적) 피해자가 존재함을 전제로 하여야 한다. 물론 어느 범죄이든지 피해자가 존재할 수밖에 없지만 조직범죄의 경우에는 일반 범죄와 다르다는 인식을 하여야 한다. 불특정 다수를 피해자로 하는 대표적인 범죄인 화이트칼라 범죄(White Collar Crime)의 경우는 피해자를 특정하는 것이 쉽지 않지만, 조직범죄의 경우에는 피해자의 특정이 어렵지 않다고 본다. 하지만 조직범죄의 피해자는 자의적이든 또는 타의적이든 자신의 피해에 대한 법적 보호에 대하여 의심을 하는 자가 많다. 왜냐하면 조직범죄의 피해자는 자신이 받은 피해가 회복되기를 바라기보다는 계속적인 범죄조직의 위협을 다시는 받지 않기를 원하기 때문이다.107) 예컨대, 범죄조직에 의하여 생매장의 위협을 받은 사람이 생매장의 위협을 한 범죄조

---

107) 셀 수 없이 많은 조직범죄의 희생자들은 대부분 이름 없이 사라진다. 아이러니하게도 가장 크게 보도되는 희생자들은 조직적이고 파렴치한 범죄자 그 자신들인 경우가 많다. 신문은 이들의 잔인한 죽음을 머리기사로 화려하게 장식한다. 작은 암흑가 폭력배에 의한 살인사건은 그 살인이 눈에 띄게 끔찍하지 않은 이상 제대로 보도조차 되지 않는다. 대중매체는 부유하고 유명한 사람들에게 가해진 범죄의 충격에 대해서는 잘 보도하지만 다른 많은 무고한 희생자들의 비극은 자극적이지 않다는 이유로 제대로 알려지지 않는다(데이비드 사우스웰/추미란, 위의 책, 363면).

직에 대항하여 조직원의 처벌을 강하게 주장할 것을 기대하기는 쉽지 않다. 심지어 가해자인 조직원이 유죄의 판결을 받아 교도소에 있게 된다고 하여도 처벌받지 않은 같은 범죄조직의 조직원이 교도소 밖에 존재할 것이고, 처벌받은 조직원이라고 하여도 형벌이 집행, 종료되어 출소하면 다시 피해자를 위협할 것이라는 예상은 쉽게 할 수 있기 때문이다. 그러므로 아직 유죄판결조차 확정되지 않은 수사 중인 범죄조직을 상대로 적극적으로 처벌을 주장할 피해자는 많지 않을 것이다.

따라서 조직범죄가 발생한 사실이 수사기관에 인지되었을 경우에는 우선적으로 피해자의 보호를 위한 일련의 조치가 계획적으로 주도면밀하게 이루어져야 한다. 조직범죄의 피해자는 범죄조직에 가장 불리한 증거와 증언을 제공할 자이기 때문에 피해자는 다수의 조직원에게 공격의 대상이 될 수 있는 위치에 있으며, 수사기관에는 가장 유리한 증거와 증언을 제공할 위치에 있는 자[108]이기 때문이다. 만약 수사기관이 피해자의 보호를 소홀히 하여 피해자가 조직원의 새로운 공격이나 협박 또는 새로운 위협을 받게 된다면 그 피해자는 조직범죄의 영원한 피해자가 될 뿐만 아니라 수사기관은 법집행을 통한 정의의 실현에 실패할 수밖에 없게 될 것이다. 1차적 피해자에 대한 보호는 수사기관이 피해자를 확인한 때부터 재판이 확정될 때까지 지속적으로 이루어져야 하며, 범죄조직의 접근을 원천적으로 차단시키는 방법이 강구되어야 한다.[109]

---

108) 조직범죄의 수사에 있어서 중요한 것은 조직에 불리한 증언을 하는 증인이나 피해자를 조직의 보복으로부터 철저히 보호해 주어야 한다. 이를 통해서만 피해자나 증인이 조직의 보복이 두려워 진술을 거부하거나 법정에서 이를 번복하는 사례를 막을 수 있고, 그들로 하여금 수사에 협조하도록 설득할 수 있다(조선호, 앞의 책, 220면).

(2) 범죄조직의 처벌과 2차적 피해자보호

조직범죄에 의한 피해자의 보호는 조직원이 유죄판결로 형의 집행이 결정되었다고 끝나는 것이 아니다. 범죄조직은 항상 사회에서 일정한 세력범위 안에서 그 존재근거를 가져야 하므로 주위의 다른 범죄조직에 대하여 위협적이어야 하며, 조직원에 대해서는 결속력과 함께 통제력을 가져야 한다. 따라서 범죄조직이 완전히 해산되기 전까지는 조직범죄의 피해자가 피해회복을 법에 호소하여 범죄조직에게 사법기관에 의한 법집행이 이루어진 경우 범죄조직은 새로운 범죄로서 보복범죄가 행할 가능성은 매우 높다고 할 것이다. 이 경우 1차적 피해자는 2차적 피해자가 될 것이다. 하지만 2차적 피해자가 될 가능성이 매우 높은 자라고 하여도 피해자 자신에 대한 범죄조직의 위해 발생 가능성만으로 법적 보호를 받기는 어렵다. 결국 조직범죄의 2차적 피해자는 자신의 새로운 피해를 입는 과정을 거칠 수밖에 없게 되는 경우가 발생하고, 경우에 따라서는 새로운 피해를 고스란히 자신의 운명으로 받아들이고 피해의 회복이나 법적 보호를 포기하는 방법이 최선의 선택이 될 수 있게 된다.

조직범죄에 대한 대책은 무고한 피해자가 존재하지 않도록 하는 정책의 마련이 매우 중요하다. 따라서 조직범죄가 발생하고 그 범죄조직과 조직원에 대한 법적 처벌이 완료된 경우에도 지속적으로 피해자의 보호를 위한 대책이 수립되고 지속적으로 실시되어야 한다. 미국의 경우 증인의 보호를 위하여 증인보호 프로그램을 만들어 시행하고 있다.[110] 국가 공권력은 범죄인을 처벌하기 위해서뿐

---

109) 또한 수사 및 재판과정에서 증인이 범죄조직원들에게 노출되는 기회를 축소시켜 주어야 한다. 수사기록이 외부에 노출되는 일이 없도록 하고, 증인이나 피해자의 인적 사항이 범죄조직에 파악되지 않도록 사전 조치되어야 한다(조선호, 위의 책, 220면).

만 아니라 범죄의 피해자가 정상적으로 자신의 능력을 발휘하여 사회와 국가에 기여할 수 있도록 여건을 마련하는 데에도 적절하게 기능하여야 한다.

Ⅲ. 조직범죄대책법 제정의 필요성

1. 의의

조직범죄에 관한 정책에서 제시하였듯이 조직범죄에 대한 효과적인 대응력을 갖기 위해서는 독립적인 전담 수사기구에서 지속적으로 조직범죄를 담당하여야 하며, 피해자에 대한 실질적 보호가 이루어져야 한다. 하지만 이러한 정책적 제언이 쉽게 현실화되기는 힘들다고 생각한다. 왜냐하면 이와 관련된 법적 근거가 없을 뿐만 아니라 형사사법기관을 중심으로 우리나라의 조직범죄에 대한 위험성과 폐해에 대하여 심각하게 여기는 입장이 아직까지는 힘을 얻지 못하기 때문이다. 하지만 조직범죄에 의한 피해는 여전히 광범위하게 발생하고 있으며, 수사기관에서 인지하는가의 여부를 떠나서 지속적으로 범죄조직은 존재하고 있다고 본다. 따라서 범죄조직에 대한 효과적인 법의 집행을 위한 노력은 범죄에 대한 대책차

---

110) 증인보호 프로그램의 총괄조정은 법무성 형사부의 단속수법 대책실(Office of Enforcement Operations)에서 하는데 연방검사로부터 수사 및 증거확보를 위하여 필요한 증인의 보호를 신청받게 되면 심사하여 대상자를 선정하고 대상증인에 대한 보호업무는 연방 보안관실이 맡는다. 증인과 그 가족은 특정지역으로 이주되고, 이주된 장소는 비밀에 붙인다. 이주된 자는 새로운 지역에서 새로운 신분을 가지고 생활하게 되고, 직업과 학교가 보장되며, 임대주책 및 일정액의 생활보조금이 지급된다. 증인보호 프로그램은 조직범죄의 단속에 없어서는 아니 될 중요한 수사도구로 여겨지고 있다(조선호, 앞의 책, 177면).

원에서 우선적으로 이루어져야 할 부분이다.

이하에서는 우리나라의 법제와 문화적 유사성이 가장 큰 일본의 폭력단대책법을 중심으로 우리나라의 조직범죄에 적용해야 할 '지정'제도를 소개하면서 조직범죄에 대응할 법률의 제정의 필요성을 제시하고자 한다.

2. 폭력단 대책법

(1) 개요

1991년 5월 15일 법률 제77호로 제정된 일본의 폭력단 대책법 (폭력단원에 의한 부당행위의 방지 등에 관한 법률)은 총 8장 50조로 구성되어 있다.[111] 이하에서 제3조, 제4조, 제7조, 제8조를 중심으로 살펴보기로 한다.

(2) 폭력단의 지정(제3조)

가. 지정의 주체

폭력단을 지정하는 주체는 도도부현공안위원회(공안위원회)이다. 여기에서 '폭력단'이란 "단체의 구성원(단체의 구성단체의 구성원을 포함한다)이 집단적 또는 상습적으로 폭력적 불법행위 등을 행하는 것을 조장할 우려가 있는 단체를 말한다."(제2조 제2호)

---

111) 제1장 총칙(제1조 – 제8조), 제2장 폭력적 요구행위의 규제 등, 제3장 대립다툼 시의 사무소의 사용제한(제15조), 제4장 가입의 강요의 규제 기타 규제 등, 제5장 지정폭력단의 대표자 등의 손해배상책임(제31조 – 제31조의3), 제6장 폭력단원에 의한 부당행위의 방지 및 이에 의한 부당영향의 배제를 위한 민간활동의 촉진(제32조 – 제32조의3), 제7장 잡칙(제33조 – 제45조), 제8장 벌칙(제46조 – 제50조), 부칙

나. 지정사유

① 명목상의 목적을 불문하고, 당해 폭력단의 폭력단원이 당해 폭력단의 위력을 이용하여 생계유지, 재산형성 또는 사업의 수행을 위한 자금을 얻기 위해 당해 폭력단의 위력을 그 폭력단원에게 이용토록 하거나 또는 당해 폭력단의 위력을 그 폭력단원이 이용하는 것을 용인하는 것을 실질상 목적으로 한다고 인정될 때(제3조 제1호)

② 국가공안위원회규칙에서 정하는 바에 따라 산정된 당해 폭력단의 간부(주요한 폭력단원(제2조 제6호)[112]으로서 국가공안위원회규칙에서 정한 요건에 해당하는 자를 말한다)로 있는 폭력단원의 인원 중에 차지하는 범죄경력보유자[113] 인원의

---

112) 제2조
　　6. 폭력단원 폭력단의 구성원을 말한다.

113) 범죄경력보유자는 다음에 해당하는 자를 말한다.
　　가. 폭력적 불법행위 등 또는 제8장(제48조를 제외한다. 이하 이 조 및 제12조의5 제2항 제1호에 있어서 같다)에서 규정한 죄에 해당하는 위법한 행위를 행하여 금고 이상의 형에 처하여진 자로 그 집행을 종료하거나 또는 집행이 면제된 날로부터 기산하여 10년을 경과하지 아니할 것
　　나. 폭력적 불법행위 등 또는 제8장에서 규정한 죄에 해당하는 위법한 행위를 행하여 벌금 이하의 형에 처하여진 자로서 그 집행을 종료하거나 또는 집행이 면제된 날로부터 기산하여 5년을 경과하지 아니할 것
　　다. 폭력적 불법행위 등 또는 제8장에서 규정한 죄에 해당하는 위법한 행위를 행하여 금고 이상의 형의 선고 및 형의 집행유예 선고를 받고, 당해 집행유예 선고가 취소되지 않고 당해 집행유예의 기간을 경과한 자로서 당해 형에 관련된 재판이 확정된 날로부터 기산하여 10년을 경과하지 아니할 것
　　라. 폭력적 불법행위 등 또는 제8장에서 규정한 죄에 해당하는 위법한 행위를 행하여 벌금형의 선고 및 그 형의 집행유예 선고를 받고, 집행유예의 선고가 취소되지 않고 당해 집행유예의 기간을 경과한 자로서 당해 형에 관련된 재판이 확정된 날로부터 기산하여 5년이 경과되지 아니할 것
　　마. 폭력적 불법행위 등 또는 제8장에서 규정한 죄에 해당하는 위법한 행위를 행하여 금고 이상의 형에 관련된 유죄의 선고를 받고 당해 선고에 관련된 죄에 대하여 사면법(1947년 법률 20호) 제2조의대사면 또는 동법 제4조의특별사면을 받은 자로서 당해 대사면 또는 특별 사면된 날(당해 일에 있어서 당해 선고된 형의 집행을 종료하거나 또는 집행이 면제된 경우에는 당해 집행을 종료하거나 또는 집행이 면제된 날)로부터 기산하여

비율 또는 당해 폭력단의 전(全) 폭력단원의 인원 중에 차지하는 범죄경력보유자 인원의 비율이 폭력단 이외의 집단일반에 있어서 그 집단의 인원 중에 차지하는 범죄경력보유자 인원의 비율을 넘는 것이 확실한 것으로서 정령(政令)에서 정하는 집단의 인원의 구분에 따라 정령에서 정한 비율(당해 구분에서 국민 가운데에서 임의로 추출한 각각의 인원이 집단에서 그 집단의 인원 중에 차지하는 범죄경력보유자 인원의 비율이 당해 정령에서 정하는 비율 이상으로 되는 확률이 10만분의 1 이하로 제한한다)을 초과하는 때(제3조 제2호)

③ 당해 폭력단을 대표하는 자 또는 그 운영을 지배하는 지위에 있는 자(이하 '대표자 등'이라고 한다)의 통제하에 계층적으로 구성되어 있는 단체인 때(제3조 제3호)

(3) 지정폭력단 연합체의 지정(제4조)

공안위원회는 지정폭력단을 제외한 폭력단이 다음에 해당할 때에는 당해 폭력단을 지정폭력단의 연합체로 지정한다.

① 당해 폭력단을 7구성하는 폭력단의 전부 또는 대부분이 지정폭력단일 것(제1호 가목), ② 당해 폭력단의 폭력단원의 전부 또는 대부분이 지정폭력단의 대표자 등일 것(제1호 나목), ③ 당해 폭력단을 구성하는 폭력단의 전부 또는 대부분이 지정폭력단 또는 가

10년이 경과되지 아니할 것

바. 폭력적 불법행위 등 또는 제8장에서 규정한 죄에 해당하는 위법한 행위를 행하여 벌금 이하의 형에 관련된 유죄의 선고를 받고 당해 선고된 죄에 대하여 사면법 제2조의대사면 또는 동법 제4조의특별사면을 받은 자로서 당해 대사면 또는 특별 사면된 날(당해 일에 있어서 당해 선고된 관련 형의 집행을 종료하거나 또는 집행이 면제된 경우에는 당해 집행을 종료하거나 또는 집행이 면제된 날)로부터 기산하여 5년이 경과되지 아니할 것

목·나목 어느 하나에 해당하는 폭력단이거나, 또는 당해 폭력단의 폭력단원의 전부 또는 대부분이 지정폭력단 또는 가·나목 어느 하나에 해당하는 폭력단의 대표자 등인 경우(제1호 다목), ④ 명목상의 목적을 불문하고 당해 폭력단을 구성하는 폭력단 또는 당해 폭력단의 폭력단원이 대표자 등으로 있는 폭력단의 상호협력을 도모하거나, 또는 이러한 폭력단의 폭력단원의 활동을 지원하는 것을 실질상의 목적으로 하는 것이 인정될 때(제2호) 등이다.

(4) 지정의 공시(제7조)

공안위원회는 지정을 할 때에는 지정에 관계되는 폭력단의 명칭 기타의 국가공안위원회규칙에서 정하는 사항을 관보에 공시하여야 한다(제1항). 지정은 전항의 규정에 의하여 공시함으로써 효력을 발생한다(제2항). 공안위원회는 지정을 한 때에는 당해 지정에 관한 지정폭력단 등을 대표하는 자 및 대리자에 대하여 국가공안위원회규칙에서 정하는 바에 의하여 지정을 한 취지, 기타 국가공안위원회규칙에서 정하는 사항을 통지하여야 한다(제3항). 제1항의 규정에 의하여 공시된 사항에 변경이 있는 때에는 공안위원회는 그 취지를 관보에 의하여 공시하여야 한다(제4항).

(5) 지정의 유효기간 및 취소(제8조)

지정은 3년간 그 효력이 있다(제1항). 공안위원회는 전항의 규정에도 불구하고 지정폭력단 등이 해산 기타 사유에 의하여 소멸한 때(제1호), 제3조 각 호 및 제4조 각 호에 해당되지 않는다고 명확하게 인정될 때(제2호)에는 당해 지정폭력단 등에 관한 지정을 취소하여야 한다(제2항). 공안위원회는 제1항의 규정에도 불구하고 지정폭력단연합이 제3조의 규정에 의해 지정폭력단으로서 지정된 때에는 당해 지정폭력단연합에 관한 제4조의 규정에 의한 지정을 취소하여야 한다(제3항). 공안위원회는 지정폭력단 등이 제2항 각 호에 해당한 이유로 동 항의 규정에 의한 지정을 취소할 때에는 사전에 당해 지정폭력단 등이 동 항 제1호 및 제2호의 경우에 해당한다는 인정되는 취지를 증명하는 서류를 첨부하고, 당해 지정폭력단 등이 동 항 제1호 및 제2호에 명시한 경우에 해당하는가에 대하여 국가공안위원회의 확인을 구하여야 한다(제4항). 국가공안위원회는 전항의 규정에 따라 확인한 때에는 확인 결과를 신속하게 당해 공안위원회에 통지하도록 한다(제5항). 당해 공안위원회는 동 항의 규정에 의해 당해 지정폭력단 등이 제2항 각 호에 명시한 경우에 해당하지 않는다는 취지의 확인 통지를 받은 때에는 당해 지정폭력단 등에 관한 지정을 취소할 수 없다(제6항). 전조 제1항부터 제3항까지의 규정은, 제2항 및 제3항의 규정에 의하여 지정의 취소에 대하여 준용한다. 이 경우에 있어서 동 조 제3항 중 '대표하는 자 또는 대리자'라고 하는 것은 '대표하는 자 및 대리자(다음 조 제2항 제1호에 해당되었을 때 이를 취소하는 경우, 당해 취소된 지정폭력단 등을 대표하는 자 및 대리자)'로 대체하도록 한다(제7항).

3. 소결

조직범죄에 관한 대책은 빠를수록 좋으며, 다양할수록 효과가 있다고 생각한다. 조직범죄에 관한 연구가 학계에서는 20여 년 전에 이미 시작되었고, 10여 년 전에는 전문적인 연구가 확대되었다. 그러나 각종 연구에서 제시되었던 조직범죄를 전담할 수사기구의 구성 등이 현실화되지 못함으로써 실무상으로 크게 변한 것이 없다는 사실은 매우 실망스러운 일임에 틀림없다.

일본의 폭력단대책법에서 규정하고 있는 지정폭력단(지정폭력단연합체)의 '지정'은 법률에 의하여 조직범죄에 일정한 제한을 가하고 있으며, 이러한 법률적 통제가 지속적으로 행해지고 있음에 우리나라의 조직범죄에 대한 대책에서도 시급하게 받아들여야 한다고 하겠다. 경찰과 검찰에서 일시적으로 조직폭력배를 검거하고 그 실적에 국민들은 안심하고 국가 공권력을 믿는 것이 아님은 검거된 조직폭력배의 수가 증가할수록 우리 사회에 그만큼 많은 조직범죄가 발생한다는 사실을 느낄 뿐이다.

제5장 결론

조직범죄에 관한 연구가 10여 년 전부터 많은 학자들에 의하여 연구되고 있음은 조직범죄에 대한 대책 마련에 있어서 매우 유용하다는 생각을 한다. 실제 우리 사회의 많은 사람들은 조직범죄를 스트레스를 해소해 주는 영화의 한 주제로만 생각할 뿐 그 위험성이나 해악을 깊이 생각하지 않는 듯하다. 어쩌면 위험성이나 해악을 실감하고 있음에도 불구하고 특별한 대책이 없기 때문에 '강 건너 불구경'처럼 대책을 세우는 데 무력한지도 모르겠다.

조직범죄의 유형에서 제시한 각종 사례는 조직범죄의 위험성과 해악을 다시 한 번 생각해 보고자 함이었다.

유흥업소 갈취 <사례 1-1>에서부터 외국인에 의한 조직범죄 <사례 13-3>은 최근 우리나라에서 일어난 사건들이다. 각 사건마다 피해자들은 다시 회복할 수 없는 수렁 속에서 빠져나올 수 없다. <사례 11-2>를 보면 고리사채와 부녀의 죽음을 볼 수 있다. 인간의 생명은 고귀한 것이며, 그 생명이 사회적 신분이나 처지에 따라 다를 수 없음은 근대 이후 문명화된 국가에서 일반적으로 인정되는 바이다.

조직범죄는 결코 우리 사회에서 완전히 제거될 수 없는 범죄 중의 하나라고 단언하는 것은 매우 잘못된 생각이라고 혹자는 말할 수 있을지 모르지만, 본 글에서 제시한 것은 조직범죄의 완전한 제거만을 원하는 것이 아니다. 다만 이제는 조직범죄에 의한 피해를 최소화할 정책을 마련하고 시행하여야 할 때라는 점을 강조하고자 한다.

본 글에서는 다루지 않았지만 '조직범죄와 청소년범죄', '조직범 죄와 범죄조직원의 재범방지(교정정책)', '다문화사회의 형성과 조 직범죄', '조직범죄와 테러', '조직범죄의 국제화' 등 매우 많은 연 구영역이 존재하고 있다.

조직범죄를 연구하면서 느낀 점은 범죄조직은 거미가 먹이를 잡 듯이 조직범죄를 행하고 있다는 느낌이 들었다. 자신이 쳐 놓은 거 미줄에 걸린 먹이는 어떤 일이 있어도 잡고야 만다. 평소에 거미줄 은 잘 보이지 않는다. 거미의 먹잇감들은 거미줄에 걸린 후에야 자 신이 거미의 먹이가 될 처지에 놓인 것을 알고 몸부림치지만 결코 거미줄을 벗어날 수가 없다.

"부뚜막의 소금도 집어넣어야 짜다", "구슬이 서 말이라도 꿰어 야 보배"라는 말이 있다. 연구를 통하여 제기된 정책적 제언이 한 낱 연구서에 머문다면 이러한 말이 적절한 표현이라고 아니 할 수 없다. 이제는 정책적 제언이 현실화되기를 바랄 뿐이다.

정지운 ──

▎약 력

　경기대학교 졸업(학사, 1987)
　경기대학교 대학원 졸업(석사, 1989)
　경기대학교 대학원 졸업(박사, 1996)
　경기대학교 사회과학연구소 상임연구원(1999)
　경기대학교 겸임교수(2001)
　경기대학교・관동대학교・단국대학교・한국방송통신대학교 강사(1993~2008)
　경찰종합학교 외래교수
　민주화운동관련자명예회복및보상심의위원회 전문위원(2006)
　現) 한국형사법학회・한국형사정책학회・한국비교형사법학회・한국경호경비학회・한국피해자학
　　　회・한국경찰법학회 회원
　現) 한국시큐리티지원연구원 이사
　現) 한국경찰이론과 실무학회 연구이사
　現) 경찰대학 치안정책연구소 범죄수사연구실 선임연구관

▎주요논문 및 저서

　「정당방위의 한계」(1988), 석사학위논문
　「조직범죄에 관한 연구」(1996), 박사학위논문
　『형사소송법』(경기도서)
　『형사정책』(정명사)
　『경비업법개론』(한국학술정보)
　외 다수

폭력단
대책법의 이해

초판인쇄 | 2009년 8월 28일
초판발행 | 2009년 8월 28일

지은이 | 정지운
펴낸이 | 채종준
펴낸곳 | 한국학술정보㈜
주 소 | 경기도 파주시 교하읍 문발리 파주출판문화정보산업단지 513-5
전 화 | 031) 908-3181(대표)
팩 스 | 031) 908-3189
홈페이지 | http://www.kstudy.com
E-mail | 출판사업부 publish@kstudy.com

등 록
가 격 28,000원

ISBN   978-89-268-0361-5 93360 (Paper Book)
　　　 978-89-268-0362-2 98360 (e-Book)

내일을여는지식　■ 은 시대와 시대의 지식을 이어 갑니다.